Grammaire allemande

Nouvelle édition, avec exercices corrigés

Francine SAUCIER

BORDAS
LANGUES

COUVERTURE
Maquette : Jean-Louis COUTURIER
Crédits photographiques :
(de gauche à droite et de haut en bas)

Porte de Brandebourg	Ph. © J.M TURPIN / A.N.A.
Forestier	Ph. © Amos SCHLIACK / A.N.A.
Bière	Ph. © S. GUTIERREZ / A.N.A
Château de Neuschwanstein en Bavière	Ph. © S. CELLAI/A.N.A

I.S.B.N. 2-04-020843-7

PRÉFACE

Cette grammaire allemande s'adresse aux élèves des collèges et des lycées et à tous les adultes qui cherchent une réponse claire aux questions qu'ils se posent sur le fonctionnement de la langue allemande d'aujourd'hui. Elle a été élaborée à partir de l'observation concrète des difficultés qu'ils rencontrent dans l'apprentissage de cette langue.

Elle n'a pas la prétention de rivaliser avec les ouvrages qui font autorité dans le domaine de la grammaire allemande. Mais elle s'inspire des théories linguistiques récentes. C'est un guide qui doit permettre à chacun de vérifier ou d'apprendre les principales règles qui régissent la structure des mots et des phrases et de mettre en évidence les différences entre le français et l'allemand. Les termes trop techniques ont été volontairement écartés. De nombreux tableaux récapitulatifs et un index détaillé devraient faciliter la consultation de l'ouvrage.

La nouvelle édition a été revue et complétée. Elle comporte une série d'exercices corrigés destinés à favoriser l'acquisition rapide des automatismes de base.

Je remercie vivement mes collègues allemands et français, et notamment Monsieur Horst Liewer et Madame Francine Glaize qui m'ont aidée de leurs conseils pour la rédaction et la relecture de ce livre.

F.S.

SOMMAIRE

LA PHRASE

1. *La structure des mots et des phrases*

en français	en allemand
vingt et un	einundzwanzig
la clef de la maison	der Hausschlüssel
une langue étrangère	eine Fremdsprache
un homme aimable	ein freundlicher Mann
le problème des travailleurs étrangers	das Gastarbeiterproblem
de la bière de Munich	Münchner Bier
aller vite à la maison	schnell nach Hause gehen
jouer au football	Fußball spielen
aller se promener	spazierengehen
Nous voulons acheter une nouvelle voiture	Wir wollen einen neuen Wagen kaufen,
parce que nous partons bientôt en vacances.	weil wir bald in Urlaub fahren.

En observant la structure des mots composés, des groupes nominaux, des groupes verbaux infinitifs et des phrases en allemand, on voit que :

1. Le déterminant précède le déterminé :

der Hausschlüssel

déterminant déterminé

ein freundlicher Mann

déterminant déterminé

Un mot composé peut, à son tour, être déterminé par un nouveau déterminant :

das Gastarbeiterproblem

déterminant déterminé

déterminant déterminé

On appelle **structure régressive** cet agencement des éléments de la phrase, qui part de l'élément final – le plus à droite dans la langue écrite –, étroitement lié aux autres éléments placés avant lui. Notons que ce que l'allemand exprime par un mot composé s'exprime la plupart du temps, en français, par un groupe nominal qui commence par le déterminé : *la clef de la maison, le problème des travailleurs étrangers.*

2. Dans les groupes verbaux infinitifs, le complément précède le terme complété :

Fußball spielen
1 2

einen neuen Wagen kaufen
1 2

in Urlaub fahren – nach Hause gehen
1 2 1 2

in Urlaub précède **fahren, nach Hause** précède **gehen.**

La structure du groupe verbal est également une structure régressive dont les éléments s'enchaînent à partir de la fin du groupe. **C'est la structure fondamentale de l'allemand.** On la retrouve dans la subordonnée.

3. Dans la subordonnée, le verbe conjugué occupe la dernière place, les autres éléments constitutifs du groupe verbal étant placés immédiatement avant :

weil wir nächste Woche in Urlaub fahren.

A l'inverse du français, c'est donc à partir de la fin d'un mot composé, d'un groupe nominal ou d'une proposition que s'expliquent la structure et le sens de la phrase. Le groupe verbal, porteur de l'information maximale de l'énoncé, est souvent en dernière position dans la phrase. Dans la langue parlée, le groupe verbal est marqué par un accent, **l'accent de phrase**, placé sur le premier élément du groupe verbal :

weil wir nächste Woche in °Urlaub fahren.

2. L'accentuation

L'accentuation joue un rôle important en allemand. Elle permet de délimiter les groupes nominaux et verbaux et de leur donner plus ou moins d'importance selon l'intensité de l'accentuation. Il existe des **accents de mots** et des **accents de groupes** ou **de phrases**.

1. Accent de mot

• L'accent de mot est placé, la plupart du temps, sur la première syllabe:

die Arbeit – die Ankunft

• sauf si cette syllabe est un préfixe:

begleiten – erteilen – empfangen – gefallen – das Vergnügen.

• Les adverbes ou particules adverbiales formés de deux mots juxtaposés sont accentués sur le dernier:

hinauf – herein – vielleicht.

• Les mots d'origine étrangère gardent leur accentuation propre:

der Präsident – die Republik.

• Certains suffixes en **-ei** et **-ieren** prennent l'accentuation:

die Partei – spazieren – studieren – die Bäckerei – informieren

Remarque:

Les syllabes non accentuées sont appelées «atones». Il existe également un **accent secondaire**, nettement plus faible que celui que porte la syllabe principale, dans certaines mots:

arbeiten – Monat

Accentuation des mots composés:

Dans les mots composés, chacun des éléments composants est accentué comme s'il était autonome, avec une accentuation plus forte sur le déterminant. C'est la syllabe principale de ce déterminant qui porte donc l'accent le plus fort:

das Kindermädchen – die Haustür – zurückkommen

2. Accent de groupe, accent de phrase

Parallèlement à ces **accents de mots**, il existe des **accents de groupe**:

accent de groupe nominal: **der Garten meines Onkels,**

accent de groupe verbal: **das Auto in die Garage fahren**

Dans une phrase, c'est l'accent porté par le groupe verbal qui est le plus fort. On l'appelle accent de phrase (cf. p. 18).

Remarque:
L'accent de mot se note ´, l'accent principal du mot composé ˝ et l'accent de phrase °.

L'accent d'insistance permet de mettre en relief un mot aux dépens de tous les autres et quelle qu'en soit la position. On le trouve cependant souvent placé sur le premier élément de la phrase, pour attirer l'attention de l'interlocuteur:

> **D́u** kommst jetzt. *C'est toi qui viens maintenant.*
>
> **Ńie** hätte ich so etwas gemacht. *Jamais je n'aurais fait une chose pareille.*
>
> **Ér** sagt das. *C'est lui qui le dit.*

Il peut se trouver également dans le corps de la phrase:

> Nicht **ích** habe das gesagt, sondern mein **Váter**. *Ce n'est pas moi qui l'ai dit, mais mon père.*

3. *Principaux types de phrases*

En allemand comme en français, on distingue quatre types de phrases: la phrase énonciative, la phrase interrogative, la phrase impérative ou injonctive, et la phrase négative.

1. La phrase énonciative. On l'emploie pour constater un fait, raconter une histoire, décrire une situation. Il existe deux types d'énonciatives:

a. L'énonciative simple:

ordre des mots

en français	**en allemand**
sujet verbe compléments (SVC)	**sujet verbe compléments (SVC)**
Il vient demain à huit heures.	Er kommt morgen um acht.

b. L'énonciative complexe: ordre des mots dans la subordonnée

en français	**en allemand**
sujet verbe compléments (SVC)	**sujet compléments verbe (SCV)**
Il dit qu'il vient demain à huit heures.	Er sagt, daß er morgen um acht Uhr kommt.

---

2. La phrase interrogative. On l'emploie lorsque l'on veut poser une question. Il existe deux sortes d'interrogatives:

- **l'interrogative globale** qui porte sur le verbe et appelle une réponse en Oui ou Non.

• **l'interrogative partielle** qui porte sur un autre élément et qui exclut la réponse en Oui / Non.

a. L'interrogative globale: ordre des mots

en français	**en allemand**
SV dans la langue familière Tu viens ?	**VS**
VS dans la langue recherchée Viens-tu ?	Kommst du ?
Emploi fréquent de la tournure **est-ce que...**	**L'équivalent de la tournure « est-ce que » n'existe pas.**
Est-ce que tu as entendu ? (As-tu entendu ?)	Hast du gehört ?

b. L'interrogative partielle: Ce sont des phrases qui commencent toutes par un pronom, un adjectif ou un adverbe interrogatif, ou par une locution adverbiale.

ordre des mots

Le mot interrogatif est en première position.

en français	**en allemand**
Qui êtes-vous ?	**Wer** sind Sie ?
Où habitez-vous ?	**Wo** wohnen Sie ?
Quelle pomme préférez-vous ?	**Welchen** Apfel haben Sie lieber ?
Pour quelle raison avez-vous fait cela ?	**Aus welchem Grund** haben Sie das getan ?

---

3. La phrase impérative ou injonctive. On l'emploie lorsque l'on donne un ordre, un conseil à une ou plusieurs personnes.

ordre des mots

Le verbe est en première position dans la phrase.

en français	**en allemand**
Aucun sujet grammatical n'est exprimé.	Aucun sujet grammatical n'est exprimé, sauf dans la forme de politesse.
Viens ici !	**Komm** hierher !
Venez ici !	**Kommt** hierher !
Venez ici !	**Kommen** *Sie* hierher !

(Nuances de l'impératif : voir Mode impératif, p. 35.)

---

4. La phrase négative. On l'emploie lorsque l'on veut nier un fait.

Il existe deux types de négations :

• la négation globale qui porte sur le verbe.

• la négation partielle qui porte sur un autre élément que le verbe.

a. La négation globale :

Une phrase affirmative se transforme en négative à l'aide de :

en français	en allemand
ne/verbe conjugué/**pas**	verbe conjugué/**nicht**
Je fume. → Je ne fume pas.	Ich rauche. → Ich rauche **nicht.**
J'ai fumé. → Je n'ai pas fumé.	Ich habe geraucht. → Ich habe **nicht** geraucht.

S'il y a indication de caractère temporel on utilise :

en français	en allemand
ne... plus	**... nicht mehr**
ne... jamais	**... nie**
Je **ne** fume **plus.**	Ich rauche **nicht mehr.**
Je **ne** fume **jamais.**	Ich rauche **nie.**

La négation d'un groupe verbal comprenant un groupe nominal sans article (**du** partitif français) ou d'un groupe verbal comprenant un indéfini est :

en français	en allemand
pas de	**kein**
Avez-vous du pain ?	Haben Sie Brot ?
Non, je n'ai **pas de** pain.	Nein, ich habe **kein** Brot.
Avez-vous un verre ?	Haben Sie ein Glas?
Non, je n'ai **pas de** verre.	Nein, ich habe **kein** Glas.

b. La négation partielle :

en français	en allemand
La négation se place devant l'élément nié.	
Pas cette année, mais l'année dernière.	**Nicht** dieses Jahr, sondern letztes Jahr.

4. *La phrase énonciative*

Dans une **phrase énonciative simple**, **l'élément conjugué du verbe** est toujours en **seconde position.**
Le premier élément de la phrase peut être :

• **le sujet**	Der Vater	**ruft** den Sohn.
	Der Vater, der allein ist,	**ruft** den Sohn.
	Ich glaube, der Vater	**ruft** den Sohn (complétive **sans daß**).
• **un complément circonstanciel**		
de temps	Jetzt	**ruft** der Vater den Sohn.
	Um sieben Uhr	**ruft** der Vater den Sohn.
de lieu	Im Garten	**ruft** der Vater den Sohn.

• **un complément d'objet**

direct	Diese Musik	**mag** ich nicht.
indirect	Seinen Kindern	**hat** er das nicht erzählt.

• **une subordonnée**

	Da er Hilfe braucht,	**ruft** der Vater den Sohn.

Dans une **phrase énonciative complexe, la partie conjuguée du verbe est en dernière position.**

Der Vater, der den Sohn **ruft,** möchte schwimmen gehen. *Le père qui appelle son fils, aimerait aller nager.*
Ich glaube, daß der Vater den Sohn **ruft.** *Je crois que le père appelle le fils.*

Nuances de l'énonciation :

1. Si l'on veut nuancer une affirmation ou la mettre en doute on peut employer :
• **des adverbes :** vielleicht, wahrscheinlich, wohl, scheinbar, sicher *(peut-être, sans doute).*

• **des verbes de modalité :**
a. Er **mag** krank sein, er **muß** wohl krank sein, er **könnte** krank sein.
(Le locuteur exprime une opinion avec plus ou moins d'assurance.)

b. (tournures impersonnelles) **es mag** sein**, es muß** wohl sein**, es könnte** sein**,** daß... (il se peut, il se pourrait que...).

• **des verbes tels que :** ich glaube, ich denke, es scheint, es ist möglich... *(Je crois que, je pense que, il semble que, il est possible que.)*

2. Si l'on veut renforcer une affirmation, on peut employer :
• **des tournures impersonnelles :** es ist klar, es ist sicher, es steht fest, es versteht sich von selbst, daß... *(il est sûr que...)*

• **des adverbes :** sicherlich, ohne weiteres, ohnehin, bestimmt, zweifellos, selbstverständlich... *(certainement, sans doute, assurément, évidemment...).*

3. Si l'on veut prendre des distances par rapport à ce qui est dit par un tiers, on peut employer :
• **un verbe de modalité :**
a. Er **soll** krank gewesen sein. *Il paraît qu'il a été malade.*
(Le locuteur rapporte ce qu'on lui a dit au sujet d'un tiers sans engager sa propre responsabilité.)

b. Er **will** krank gewesen sein. *Il prétend qu'il a été malade.*
(Le locuteur rapporte, sans le reprendre à son compte, une affirmation d'un tiers.)

c. Niemand **will** es gewesen sein. *Tout le monde nie l'avoir fait.*

d. Er **wird** wohl erzählt haben, daß... *Il paraît qu'il a dit que...*
L'auxiliaire **werden** est ici employé dans un sens modal.

• **es heißt, daß...**

• **des adverbes :** angeblich *(à ce qu'on dit).*

5. *La phrase interrogative*

On distingue :
- **l'interrogative globale,**
- **l'interrogative partielle.**

1. Dans l'interrogative globale l'interrogation porte sur le verbe dont l'élément conjugué se trouve placé en première position dans la phrase.

Kommt dieser Zug aus Frankfurt ?
Sind Sie gestern abend sehr spät heimgefahren ?
Weißt du, ob der italienische Gastarbeiter Arbeit gefunden hat ?
Hast du gestern abend nicht angerufen ?

Ces questions sont appelées **questions fermées.** On ne peut y répondre que par **Ja, Nein** ou **Doch.**

2. Dans l'interrogative partielle, l'interrogation peut porter sur :

- **l'identité du sujet :**

Wer hat angerufen ? *Qui a téléphoné ?*

- **l'identité de l'être ou de la chose désignée par le complément direct à l'accusatif ou au datif :**

Wen hast du getroffen ? *Qui as-tu rencontré ?*
Was hast du letztes Wochenende gemacht ? *Qu'as-tu fait le week-end dernier ?*
Wem hast du geholfen ? *Qui as-tu aidé ?*

- **les circonstances de l'action ou de l'état exprimé par le verbe :**

Mit wem ist sie in Urlaub gefahren ? *Avec qui est-elle partie en vacances ?*
Wie ist es geschehen ? *Comment cela s'est-il passé ?*

Toutes ces phrases interrogatives commencent par un mot interrogatif dont la première lettre est **W,** ou par une locution adverbiale comprenant un mot en **W-. (W-Fragen).** Le mot interrogatif (ou la locution) est immédiatement suivi du verbe.

Ces questions sont appelées **questions ouvertes. On ne peut jamais y répondre par Ja, Nein,** ou **Doch.**

Nuances de l'interrogation :
Pour nuancer l'interrogation on emploie souvent :
- **des adverbes :** denn, wohl, nun.

Was ist **denn** los ? *Qu'est se passe-t-il ?*
Was will er **nun** ? Que veut-il donc ?
Ist ihm **wohl** etwas passiert ? Lui est-il arrivé quelque chose ?

- **l'auxiliaire de mode *mögen* :**

Wie alt **mag** diese Dame wohl sein ? *Quel âge peut bien avoir cette dame ?*
Wie **mag** er hingefahren sein? *Comment a-t-il bien pu y aller ?*

Les principaux mots interrogatifs sont :

• Pronoms	**Wer ?**	*Qui ?*
	Was ?	*Que ?*
	Welcher, -e, es ?	*Lequel, laquelle ?*
• Adjectif	**Welcher, -e, -es ?**	*Quel(le) ?*
• Adverbes et locutions adverbiales		
de temps :	**Wann ?**	*Quand ?*
	Wie lange ?	*Combien de temps ?*
	Wie oft ?	*Combien de fois ?*
	Seit wann	*Depuis quand ?*
	Bis wann	*Jusqu'à quand ?*
de lieu :	**Wo ?**	*Où ?* (lieu où l'on est)
	Wohin ?	*Où ?*(lieu où l'on va)
	Woher ?	*D'où ?* (lieu d'où l'on vient)
de manière :	**Wie ?**	*Comment ?*
	Auf welche Weise ?	*De quelle manière ?*
de quantité :	**Wieviel ?**	*Combien ?*
de cause :	**Warum ?**	*Pourquoi ?*
	Weshalb ?	*Pourquoi ?*
	Wieso ?	*Comment se fait-il ?*
	Aus welchem Grund ?	*Pour quelle raison ?*
de finalité :	**Wozu ?**	*Dans quel but ?*
	Wofür ?	*Dans quel but ?*
de moyen :	**Wodurch ?**	*Par quel moyen ?*
	Womit ?	*Avec quoi ?*

6. *La phrase impérative*

Dans la phrase impérative le verbe se trouve en première position.

Hör auf ! *Arrête !*
Hol mir die Milch, bitte ! *Va me chercher le lait, s'il-te-plaît !*
Geben Sie mir das Buch, bitte ! *Donnez-moi le livre, s'il vous plaît !* (voir mode impératif, p. 35).

Nuances de l'impératif :

Pour nuancer l'impératif on emploie des **adverbes** comme **schon, doch, nur, mal, ruhig, halt, eben...**

Hör **mal,** mein Junge ! *Ecoute donc, mon garçon !*
Komm **doch** ! *Viens donc ! Mais viens !*
Geh **nur** ! *Vas-y donc ! Mais vas-y !*

7. *La phrase négative*

1. La négation globale

Lorsque l'on veut nier l'ensemble d'une phrase, on place la négation ***nicht* après la partie conjuguée du verbe et directement avant l'élément du groupe verbal auquel il se rapporte.**

Er ist gestern **nicht ins Theater gegangen.** *Hier, il n'est pas allé au théâtre.*
Der Chef ist heute **nicht sehr freundlich.** *Le chef n'est pas très aimable aujourd'hui.*
Wir wollen ihn **nicht sehen.** *Nous ne voulons pas le voir.*
Sie kann **nicht mitfahren.** *Elle ne peut pas partir (avec...).*
Ich gehe **nicht gern in die Schule.** *Je n'aime pas aller à l'école.*

Toutefois, on place **nicht** toujours après un complément sans préposition :

Ich finde meinen Regenschirm **nicht.**
Ich danke meiner Mutter **nicht.**

Lorsque la phrase comporte un indéfini ou un nom sans article (partitif français), **on emploie l'article négatif *kein.***

Hast du **eine Zigarette ?** Nein, ich habe **keine.** *As-tu une cigarette ? Non, je n'en ai pas.*
Trinkst du **Wein** ? Nein, ich trinke **keinen Wein.** *Bois-tu du vin ? Non, je ne bois pas de vin.*

• **nicht mehr, kein... mehr...** s'emploient pour nier des phrases affirmatives ou interrogatives comportant **noch, immer noch... :**

Bist du **(immer) noch** krank ? Nein, ich bin **nicht mehr** krank.
Hast du **noch** Geld ? Nein, ich habe **kein** Geld **mehr.**

2. La négation partielle

Lorsque l'on ne veut nier qu'un seul élément d'une phrase, on place la négation ***nicht* devant l'élément que l'on veut nier.**

Nicht Jürgen will ich sprechen, **sondern** Frank.
Nicht jetzt, sondern später.

3. La négation restrictive

Pour préciser ou limiter le moment ou la durée de l'action exprimée par le verbe on emploie en français la locution « ne... que », c'est-à-dire une négation restrictive. En allemand on emploie les adverbes modalisateurs **erst** et **nur** qui nuancent la phrase énonciative. Il convient de bien les distinguer.

Erst s'emploie quand il s'agit d'un **constat provisoire :**

Ich bin **erst** 16 Jahre alt. *Je n'ai que 16 ans* (pour le moment, mais j'en aurai plus après).

Erst s'oppose à **schon** (déjà) :

Du bist **erst** 10, ich bin **schon** 16. *Tu n'as que 10 ans, moi j'ai déjà 16 ans.*

Nur s'emploie quand il s'agit d'un **constat définitif :**

Ich habe **nur** zwei deutsche Bücher gelesen. *Je n'ai lu que deux livres allemands* (en tout et pour tout).

Ich habe **nur** drei Mark. *Je n'ai que trois DM* (en tout et pour tout).

mais :

Ich habe **erst** zwei deutsche Bücher gelesen (pour le moment, mais j'en lirai encore).

Erst s'emploie aussi dans le sens de *pas avant* :

Onkel Günther kommt **erst** morgen. *Oncle Günther ne vient que demain.*

ne... plus que est rendu par **nur noch :**

Ich habe **nur noch** 10 Mark. *Je n'ai plus que 10 DM.*

Nuances de la négation :

Pour **atténuer la négation,** on emploie les adverbes **fast, beinahe, kaum** *(presque, à peine)*.

Ich hätte ihn **fast nicht** wiedererkannt. *Je l'aurais à peine reconnu.*

Pour **renforcer la négation,** on emploie les adverbes **gar, überhaupt, keineswegs...** *(absolument, en aucune manière)*.

Das stimmt **überhaupt nicht.** *C'est absolument faux.*

Das ist **gar nicht** wahr ! *Ce n'est pas vrai du tout.*

8. *Conclusion*

En allemand, les différents éléments de la phrase s'organisent donc en fonction du groupe verbal qui occupe une place bien déterminée selon les différents types de phrase employés, comme nous venons de l'observer et que l'on peut schématiser de la manière suivante :

- Phrase interrogative globale : **Ist** Herr Meier nach Amerika **geflogen ?**
- Phrase interrogative partielle : Wann **ist** Herr Meier nach Amerika **geflogen ?**
- Phrase énonciative simple : Herr Meier **ist** nach Amerika **geflogen.**
- Phrase énonciative complexe : Ich weiß, daß Herr Meier nach Amerika **geflogen ist.**

– Dans une phrase énonciative simple, **la partie conjuguée du verbe est donc toujours en deuxième position :**

Heute **regnet** es. *Aujourd'hui, il pleut.*

Der Briefträger **ist** schon gekommen. *Le facteur est déjà passé.*

Les autres éléments du verbe, non conjugués, restent à leur place habituelle, en fin de phrase :

Mein Mann **ist** gestern abend sehr spät aus Berlin **zurückgekommen.**

– Dans la phrase complexe, **la partie conjuguée du verbe est en dernière position :**

Ich höre, daß Reagan wiedergewählt **ist.** *J'apprends que Reagan est réélu.*

Quant aux autres éléments de la phrase, ils ont une place beaucoup plus mobile qui varie en fonction du locuteur et de ses intentions d'une part, en fonction de l'importance de l'information contenue dans ces éléments d'autre part.

Les éléments contenant les informations les plus importantes font partie du groupe verbal, et sont donc en fin de phrase. Ce sont ces éléments qui portent l'accent de phrase. Comparez :

Ich habe ihm gestern hůndert Mark gegeben. *Hier, je lui ai donné 100 DM.*

Ich habe ihm die hundert Mark gěstern gegeben. *C'est hier, que je lui ai donné 100 DM.*

Cependant les éléments d'information portant sur le lieu ou le temps sont souvent en tête de phrase. (**Heute** regnet es).

Le groupe nominal au datif précède généralement le groupe nominal à l'accusatif sauf lorsque ces groupes sont pronominalisés.

Ich gebe meiner Mutter den Kuchen. *Je donne le gâteau à ma mère.*

Ich gebe **ihn ihr.** *Je le lui donne.*

LE GROUPE VERBAL

9. *Remarques générales*

Le groupe verbal peut se réduire au verbe seul ou être accompagné de déterminants de natures diverses.

• **verbe seul :** arbeiten, schlafen, kommen, essen, singen, regnen, schneien, frieren, donnern.

• **verbe + adverbe** ou **adjectif attribut :**
– laut sprechen, schön singen, gut essen, schnell kommen, fertig schreiben.
– höflich sein, gesund sein, rot werden, taub werden.

• **verbe + particule verbale :** mitnehmen, zumachen, zurückfahren, aussteigen, wiederkommen, fernsehen.

• **verbe + verbe :** spazierengehen, sitzen bleiben...

• **verbe + substantif :** Radio hören, Karten spielen, Fußball spielen, Lärm machen, die Tür schließen, teilnehmen, Schi fahren, Rad fahren.

Notons que l'on écrit le plus souvent : er fährt **rad, schi** (sans majuscule) : radfahren, schifahren.

• **verbe + groupe prépositionnel :** nach Frankreich fahren, zu Hause bleiben, auf die Bank gehen, in die Schule gehen, auf seinen Freund warten, von den Ferien träumen, über das Leben nachdenken, etc.

• **verbe + préfixe :** unternehmen, unterscheiden, überholen, überfahren, umfassen, vollenden, hinterlassen, empfangen, entstehen.

Le groupe verbal, porteur de l'information la plus importante dans une phrase, occupe généralement **la dernière place dans la phrase :**

• **nach Hằuse gehen.**
• Er ist **nach Hằuse gegangen.**
• Ich weiß, daß er **nach Hằuse gegangen ist.**

C'est le premier élément du groupe verbal, ici, dans notre exemple **nach Hause** qui porte l'accent principal, appelé **accent de phrase ; cet accent est un signal sonore qui permet de repérer l'élément principal de l'énoncé.**

10. *Place du noyau verbal*

On appelle noyau verbal la partie conjuguée du groupe verbal.

Er **ist** nach Hause gegangen.

LE NOYAU VERBAL EST EN PREMIERE POSITION :

- **dans l'interrogative globale :**

  Warst du nach Spanien gefahren ? *Etais-tu parti en Espagne ?*
- **dans la phrase injonctive ou impérative :**

  Geh in die Küche und **hol** mir bitte die Milch ! *Va à la cuisine me chercher le lait, s'il te plaît !*
- **dans la subordonnée conditionnelle sans *wenn* :**

  Hätten wir das **gewußt,** so wären wir nicht nach Italien gefahren. *Si nous avions su cela, nous ne serions pas partis en Italie.*

LE NOYAU VERBAL EST EN DEUXIEME POSITION :

- **dans une phrase énonciative :**

  Schmitts **werden** am Bahnhof **abgeholt.** *On va chercher les Schmitt à la gare.*

  Heute **regnet** es. *Aujourd'hui il pleut.*
- **dans l'interrogative partielle :**

  Wo **wollt** ihr denn **hin** ? *Où voulez-vous donc aller ?*

  Wer **ist** am Apparat ? *Qui est à l'appareil ?*
- **dans une subordonnée complétive sans *daß* :**

  Ich glaube, er **kommt** morgen nicht. *Je crois qu'il ne vient pas demain.*

LE NOYAU VERBAL EST EN DERNIERE POSITION :

- **dans les propositions subordonnées introduites par une conjonction ou un autre subordonnant :**

  Wir wissen, daß Schmitts am Bahnhof abgeholt **werden.** *Nous savons qu'on ira chercher les Schmitt à la gare.*

  Er fragt, ob er morgen vorbeikommen **darf.** *Il demande s'il peut passer demain.*

  Ich antworte nicht, weil ich nichts zu sagen **habe.** *Je ne réponds pas, parce que je n'ai rien à dire.*

  Ich weiß nicht, warum er das gesagt **hat.** *Je ne sais pas pourquoi il a dit cela.*

  Der Film, den ich gestern geschen **habe,** war wirklich interessant. *Le film que j'ai vu hier était vraiment intéressant.*

11. *Le système de la conjugaison*

en français	en allemand
TROIS PERSONNES : • Celle qui parle : je, nous. • Celle à qui l'on parle : tu, vous. • Celle de qui l'on parle : il, elle, ils, elles.	TROIS PERSONNES : • Celle qui parle : ich, wir. • Celle à qui l'on parle : du, ihr, Sie. • Celle de qui l'on parle : er, sie, es, sie.
CINQ TEMPS DU PASSÉ : Imparfait, passé simple, passé composé, passé antérieur, plus-que-parfait.	TROIS TEMPS DU PASSÉ : Prétérit, parfait, plus-que-parfait.
QUATRE FORMES D'INFINITIF : en **-er, -ir, -oir,** ou **-re.**	UNE SEULE FORME D'INFINITIF : en **-en** ou **-n.**
DEUX AUXILIAIRES DE CONJUGAISON : avoir, être.	TROIS AUXILIAIRES DE CONJUGAISON : haben, sein, werden.
AU PRÉSENT : **différentes terminaisons selon les groupes :** -e, -es, -e, -ons, etc. -is, -is, -it, -issons, etc. -s, -s, -t, -ons, etc. -s, -s, -d, etc.	AU PRÉSENT : **toujours les mêmes terminaisons :** **-e, -st, -t, -en, -t, -en** (sauf) pour les auxiliaires de conjugaison et les verbes de modalité).
A L'IMPARFAIT : selon les groupes : -ais, -ais, -ait, -etc. -issais, -issais, -issait, etc.	AU PRÉTÉRIT : **deux types de terminaisons** selon qu'il s'agit d'un **verbe fort** d'une part, d'un **verbe faible** ou **faible irrégulier** de l'autre.
AU PASSÉ SIMPLE : selon les groupes : -ai, -as, -a, etc. -is, -is, -it, etc. -us, -us, -ut, etc.	
AU FUTUR SIMPLE : selon les groupes : -erai, -eras, -era, etc. -irai, -iras, -ira, etc. -rai, -ras, -ra, etc.	AU FUTUR I : auxiliaire **werden au présent + infinitif** (Ich werde kaufen).
AU PASSÉ COMPOSÉ : auxiliaire **avoir** ou **être au présent + participe passé** variant selon les groupes.	AU PARFAIT : auxiliaire **haben** ou **sein au présent + participe II** variant selon qu'il s'agit de verbes faibles, verbes forts, ou verbes faibles irréguliers.
AU PLUS-QUE-PARFAIT : auxiliaire **avoir** ou **être à l'imparfait + participe passé.**	AU PLUS-QUE-PARFAIT : auxiliaire **haben** ou **sein au prétérit + participe II.**

AU PASSÉ ANTÉRIEUR : auxiliaire **avoir** ou **être au passé simple + participe passé.**

AU FUTUR ANTÉRIEUR : auxiliaire **avoir** ou **être au futur + participe passé.**

AU FUTUR II : auxiliaire **werden au présent + infinitif II** (Ich werde gekauft haben).

12. *Les différentes catégories de verbes*

On distingue, en allemand :

1. Les auxiliaires : haben, sein, werden (cf. tableau de conjugaison, p. 45, 46, 47).

2. Les verbes faibles : machen, spielen, lachen…

La voyelle de leur radical ne change ni au prétérit ni au participe II.
Ils prennent, au prétérit la marque **-te-** et au participe II l'augment **ge-** et la terminaison **-t.**

Infinitif	Présent	Prétérit	Parfait
machen spielen	er macht er spielt	er mach**te** er spiel**te**	er hat **ge**mach**t** er hat **ge**spiel**t**

Les verbes faibles **accentués sur une autre syllabe que la première** ne prennent **pas l'augment ge-** au participe II.
Ce sont les verbes **à préfixe (be-, emp-, ent-, er-, ge-, zer-,** etc.) et les verbes en **-ieren.**

Infinitif	Présent	Prétérit	Parfait
erzählen reparieren telefonieren	er erzählt er repariert er telefoniert	er erzählte er reparierte er telefonierte	er hat erzählt er hat repariert er hat telefoniert

3. Les verbes faibles irréguliers :

Ils prennent, comme les verbes faibles, la marque **-te-** au prétérit et au participe II l'augment **ge-** et la terminaison **-t,** mais **ils changent la voyelle du radical au prétérit et au participe II.**
Ce sont **brennen, bringen, denken, kennen, nennen, rennen, senden, wenden.** *(Voir liste des verbes irréguliers, p. 53)*

Infinitif	Présent	Prétérit	Parfait
denken bringen	er denkt er bringt	er **dachte** er **brachte**	er hat **gedacht** er hat **gebracht**

4. Les verbes forts :

La **voyelle du radical change au prétérit** et quelquefois également **au participe II.**

Au **prétérit,** les verbes forts n'ont **pas de terminaison aux 1re et 3e personnes du singulier.**

Ex. : singen : ich s**a**ng □, er s**a**ng □.

Tous les participes II des verbes forts se terminent par **-en** *(cf. p. 27)*

Comme dans le cas des verbes faibles ils ne prennent **pas l'augment *ge-*** quand le verbe est **accentué sur une autre syllabe que la première.**

Infinitif	Présent	Prétérit	Parfait
kommen trinken treiben vergessen	er kommt er trinkt er treibt er vergißt	er k**a**m er tr**a**nk er tr**ie**b er verg**a**ß	er ist **ge**komm**en** er hat **ge**tr**u**nk**en** er hat **ge**tr**ie**b**en** er hat vergess**en**

5. Les verbes de modalité :

Ils sont au nombre de six :

können, dürfen, sollen, müssen, wollen, mögen.

Ils ont une conjugaison irrégulière puisqu'ils ne prennent aucune terminaison aux 1re et 3e personnes du singulier du présent de l'indicatif et que la voyelle du radical change aux trois personnes du singulier :

können : ich k**a**nn □, du k**a**nnst, er k**a**nn □
d**ü**rfen : ich d**a**rf □, du d**a**rfst, er d**a**rf □
m**ö**gen : ich m**a**g □, du m**a**gst, er m**a**g □
w**o**llen : ich w**i**ll □, du w**i**llst, er w**i**ll □
m**ü**ssen : ich m**u**ß □, du m**u**ßt, er m**u**ß □

mais :

sollen : ich soll □, du sollst, er soll □

Au prétérit, ces verbes prennent la marque **-te-** des verbes faibles mais ils perdent leur inflexion :

können : ich k**o**nnte
dürfen : ich d**u**rfte
müssen : ich m**u**ßte
mögen : ich m**o**chte
wollen : ich wollte
sollen : ich sollte

Le **participe II** se termine par **-t** et prend l'augment **ge-** mais il prend la forme d'un infinitif au parfait dans certains cas *(cf. Le parfait, p. 27)*

13. *L'indicatif*

1. Le présent

Forme

Au présent de l'indicatif, les terminaisons sont : -e, -st, -t, -en, -t, -en.

ich	spiel**e**	wir	spiel**en**
du	spiel**st**	ihr	spiel**t**
er	spiel**t**	sie	spiel**en**

Avec les verbes dont le radical se termine par **-d, -t, -m, ou -n** (précédé d'une consonne), les terminaisons **-st** et **-t** seraient imprononçables. Pour cette raison **un -e- vient s'intercaler** entre le radical et la terminaison.

arbeiten : du arbeit***est***, er arbeit***et***, ihr arbeit***et***
finden : du find***est***, er find***et***, ihr find***et***
atmen : er atm***et***
rechnen : du rechn***est***, er rechn***et***, ihr rechn***et***

mais :

lernen : du lern**st**, er lern**t**, ihr lern**t**
halten : du hält**st**, er hält

Dans la conjugaison des verbes terminés par **-eln**, le **-e-** du radical **tombe** à la 1re personne du singulier :

klingeln : ich kling**le**
sammeln : ich samm**le**

Les verbes dont le radical se termine par **-s, -ß** ou **-z** prennent à la 2e personne du singulier la terminaison **-t** au lieu de **-st** :

reisen : du reis**t**
heißen : du heiß**t**
besitzen : du besitz**t**

Les trois auxiliaires de conjugaison : haben, sein, werden ont des formes particulières :

ich	habe	**bin**	werde
du	**hast**	**bist**	**wirst**
er sie es	**hat**	**ist**	**wird**
wir	haben	**sind**	werd**en**
ihr	habt	**seid**	werd***et***
sie	haben	**sind**	werd**en**

Les verbes de modalité, ainsi que le verbe wissen, ont également, au présent des formes irrégulières, leurs **1er et 3e personnes** du singulier **n'ont pas de terminaison.**

können	dürfen	müssen	sollen	wollen	mögen	wissen
ich kann □ du kannst er kann □ wir können ihr könnt sie können	ich darf □ du darfst er darf □ wir dürfen ihr dürft sie dürfen	ich muß □ du mußt er muß □ wir müssen ihr müßt sie müssen	ich soll □ du sollst er soll □ wir sollen ihr sollt sie sollen	ich will □ du willst er will □ wir wollen ihr wollt sie wollen	ich mag □ du magst er mag □ wir mögen ihr mögt sie mögen	ich weiß □ du weißt er weiß □ wir wissen ihr wißt sie wissen

Les verbes forts en -a- prennent **l'inflexion aux 2e et 3e personnes** du singulier.

ich halte, du hältst… ich fahre, du fährst…	ich trage, du trägst… ich empfange, du empfängst	ich lasse, du läßt…

Les verbes forts en -e- transforment la voyelle du **radical en -i- ou -ie- aux 2e et 3e personnes** du singulier.

ich nehme, du nimmst, er nimmt ich sehe, du siehst, er sieht	ich gebe, du gibst ich lese, du liest	ich esse, du ißt ich stehle, du stiehlst

Exceptions :

heben (er **hebt**) – gehen (er **geht**) – stehen (er **steht**).

Emploi

a. Le présent sert à exprimer un fait ou un état actuel, une action présente :

Ich bin müde. *Je suis fatigué.*
Mutti schläft. *Maman dort.*
Es schneit. *Il neige.*

Pour indiquer qu'une **action est en train de se dérouler,** l'allemand utilise :

• soit des adverbes :

Er parkt **gerade** seinen Wagen. *Il est en train de garer sa voiture.*
Eben kommt er. *Justement le voilà.*

• soit certaines tournures avec l'auxiliaire **sein** :

Karin **ist gerade dabei,** ihr Kleid zu probieren. *Karin est en train d'essayer sa robe.*
Wir **sind beim** Frühstück. *Nous sommes en train de prendre le petit déjeuner.*

b. Le présent de narration remplace souvent, en allemand comme en français, le prétérit. Il permet de rendre le récit plus vivant.

Weißt du, was bei mir gestern passiert ist ? Ich höre jemanden klingeln, mache die Tür auf und stelle fest, daß vor mir ein Unbekannter steht... *Sais-tu ce qui s'est passé chez moi hier ? J'entends quelqu'un sonner, j'ouvre la porte et vois un inconnu...*

c. Le présent s'emploie lorsque l'on rapporte un fait historique :

1963 unterzeichnen Adenauer und De Gaulle deutsch-französische Verträge. *En 1963 De Gaulle et Adenauer signent des accords franco-allemands.*

d. Le présent sert aussi à exprimer un futur proche. On l'utilise en particulier pour traduire la tournure française *aller + infinitif.*

Der Unterricht beginnt in zehn Minuten. *Le cours va commencer dans dix minutes.*

Ich bin bald wieder da. *Je vais revenir de suite.*

Pour l'emploi des verbes de modalité, voir p. 41.

2. Le prétérit

Forme

1. Les verbes faibles, au prétérit prennent les terminaisons suivantes : **-te, -test, -te, -ten, -tet, -ten.**

ich spiel**te**	wir spiel**ten**
du spiel**test**	ihr spiel**tet**
er / sie / es } spiel**te**	sie / Sie } spiel**ten**

• **Les verbes faibles réguliers,** dont le radical se termine par **-d, -t, -m, -n,** intercalent un **-e-** à toutes les formes du prétérit **entre le radical et la terminaison :**

arbeiten :	ich arbeit***ete***
kosten :	es kost***ete***
regnen :	es regn***ete***
antworten :	ich antwort***ete***
atmen :	ich atm***ete***

2. Les auxiliaires de conjugaison ont, au prétérit, des formes particulières :

haben	sein	werden
ich **hatte** du hatt**est** er hatte wir hatt**en** ihr hatt**et** sie hatt**en**	ich **war** du war**st** er **war** wir war**en** ihr war**t** sie war**en**	ich **wurde** du wur**dest** er wur**de** wir wur**den** ihr wur**det** sie wur**den**

3. Les verbes de modalité, au prétérit, ont des formes régulières, mais **ils perdent l'inflexion.**

können	dürfen	müssen	sollen	wollen	mögen
ich konnte du konntest er konnte wir konnten ihr konntet sie konnten	ich durfte du durftest er durfte wir durften ihr durftet sie durften	ich mußte du mußtest er mußte wir mußten ihr mußtet sie mußten	ich sollte du solltest er sollte wir sollten ihr solltet sie sollten	ich wollte du wolltest er wollte wir wollten ihr wolltet sie wollten	ich mochte du mochtest er mochte wir mochten ihr mochtet sie mochten

4. Les verbes forts changent la voyelle du radical au prétérit et ne prennent aucune terminaison aux 1re et 3e personnes du singulier.

geben	laufen	lügen	fahren
ich gab □ du gab**st** er gab □ wir gab**en** ihr gab**t** sie gab**en**	ich lief □ du lief**st** er lief □ wir lief**en** ihr lief**t** sie lief**en**	ich log □ du log**st** er log □ wir log**en** ihr log**t** sie log**en**	ich fuhr □ du fuhr**st** er fuhr □ wir fuhr**en** ihr fuhr**t** sie fuhr**en**

• **Certains verbes forts ont une forme de prétérit qui diffère totalement** du radical de l'infinitif :

gehen : ich **ging** – sitzen : ich **saß** – stehen : ich **stand.**

La liste complète de tous les verbes forts se trouve à la fin du chapitre, p. 53-58.

5. Les verbes faibles irréguliers, ainsi que le verbe wissen, changent la voyelle du radical au prétérit et prennent également les terminaison **-te, -test...** des prétérits faibles :

brennen : ich brannte
bringen : ich brachte
denken : ich dachte
kennen : ich kannte
nennen : ich nannte
rennen : ich rannte
senden : ich sandte
wenden : ich wandte
wissen : ich wußte.

Emploi

Le prétérit sert à situer un fait dans le passé.

Früher lebte diese Familie in einer Baracke. *Autrefois, cette famille vivait dans une baraque.*

Le prétérit est le temps de la narration, du récit. Il correspond :

- à l'imparfait français :
  Er wohnte damals in Berlin. *Il habitait à l'époque à Berlin.*
- au passé simple français :
  Zuerst wohnte er in Amerika, dann in Mexico-city. *Il vécut d'abord en Amérique, puis à Mexico.*
- au passé composé français :
  1972 zog ich nach Stuttgart um. *En 1972, j'ai déménagé à Stuttgart.*

Pour les verbes de modalité, cf. p. 41.

3. Le parfait

Forme

Le parfait est formé d'un auxiliaire **haben** ou **sein** au **présent + participe II.** Le participe II des verbes faibles se termine par **-t,** celui des verbes forts se termine par **-en.** Il est presque toujours précédé de **l'augment ge-** : machen, **ge**mach**t** ; sehen, **ge**seh**en**.

- Pour les verbes à particule séparable l'augment **ge-** s'intercale entre la particule et le radical :

ankommen :	Er ist an**ge**kommen
aufmachen :	Sie hat die Tür auf**ge**macht.

Les **verbes** qui ne sont **pas accentués sur la première syllabe ne prennent pas l'augment ge-.**

Ce sont notamment tous **les verbes à préfixe** (vergessen, bereiten, erzählen, etc.), les **composés** de ces verbes (vorbereiten) et **les verbes en -ieren :**

beréiten, bereitet :	Ich habe etwas bereitet.
vórberéiten, vorbereitet :	Ich habe etwas vorbereitet.
telefoniéren, telefoniert :	Ich habe telefoniert.

- Quand les v**erbes de modalité sont associés à un infinitif le participe II** de ces verbes **prend la forme d'un infinitif au parfait,** ce qui donne un **double infinitif.**

Ich habe schwimmen **können.** *J'ai pu nager.*
Ich habe anrufen **müssen.** *J'ai dû téléphoner.*
Er hat nicht kommen **wollen.** *Il n'a pas voulu venir.*

Emploi

a. Le parfait sert à exprimer qu'une action est achevée. Il a une valeur d'accompli. Il correspond au passé composé français.

Er hat gut gegessen. *Il a bien mangé.*

Er hat den Wagen in die Garage gefahren. *Il a mis la voiture au garage.*

b. Le parfait peut, associé à un adverbe tel que **eben** ou **gerade,** exprimer **un passé récent.** Il sert à traduire l'expression française : « venir de ».

Er ist **eben** weggefahren. *Il vient de partir.*

Das hat er mir **gerade** erzählt. *Il vient de me le raconter.*

c. Le parfait de la subordonnée peut correspondre à un futur en français lorsque le verbe de la phrase dont dépend la subordonnée est au futur.

Wirst du mir diese Schallplatte leihen, wenn du sie **aufgenommen hast ?** *Me prêteras-tu ce disque lorsque tu l'**auras enregistré ?***

Emploi des auxiliaires **haben** *et* **sein**

1. On utilise **l'auxiliaire haben** pour conjuguer, aux temps composés :

- les verbes **transitifs** : Ich **habe** meine Kusine **angerufen.**
- les verbes **pronominaux** : Er **hat sich** im Spiegel **betrachtet.**
- les verbes **impersonnels** : Es **hat geregnet, geschneit, gefroren.**

2. On utilise l'**auxiliaire sein** pour conjuguer, aux temps composés :

- le verbe **sein** : Ich **bin** schon hier **gewesen.**
- le verbe **bleiben** : Sie **ist** drei Wochen in Deutschland **geblieben.**
- les verbes **intransitifs indiquant un mouvement, un déplacement :**

Er **ist** nach Berlin **geflogen.**

Wir **sind** schnell zum Bahnhof **gerannt.**

Sie **ist** durch den Wald **gelaufen.**

Ich **bin** nie nach England **gefahren.**

Ich **bin** zur Insel **geschwommen.**

- les verbes **intransitifs indiquant un changement d'état :** Ich **bin gewachsen.** Er **ist** gestern **gestorben.** Die Zeit **ist** schnell **vergangen.** Sie **ist** Künstlerin **geworden.**
- les verbes **intransitifs indiquant un événement :** Was **ist** denn passiert ? Wann **ist** es **geschehen ?**

Les verbes à la fois transitifs et intransitifs se construisent avec les deux auxiliaires, selon qu'ils ont un complément d'objet direct ou non :

Ich **habe** den Wagen in die Garage **gefahren.** *J'ai mis la voiture au garage.*

Ich **bin** sehr schnell **gefahren.** *J'ai roulé très vite.*

Comparez aussi :

Ich **bin** zur Insel **geschwommen.** *J'ai nagé jusqu'à l'île.*
Ich **habe** 250 Meter **geschwommen.** *J'ai nagé 250 mètres.*

4. Le futur I

Forme

Le futur I se forme avec l'auxiliaire de conjugaison **werden au présent + verbe à l'infinitif I :**

ich	werde	sehen	wir	werden	sehen
du	wirst	sehen	ihr	werdet	sehen
er / sie / es	wird	sehen	sie / Sie	werden	sehen

Emploi

On emploie le **futur I** pour désigner un événement ou une action susceptible de se produire dans l'avenir.

Der Bundespräsident **wird** in den nächsten Wochen nach Israël fliegen. *Le président de la RFA se rendra (doit se rendre) dans les semaines à venir en Israël.*

Lorsque l'action est présentée comme certaine, on emploie le présent.

Ich **fahre** nächste Woche nach Rom. *J'irai la semaine prochaine à Rome.*

Pour l'expression du futur proche voir p. 25.

Le **futur I** sert également à exprimer **une supposition qui sera sans doute confirmée :**

Er **wird** wohl kommen. *Il doit venir.*
Er **wird** wohl zu Hause sein. *Il doit être chez lui.*

5. Le futur II

Forme

Le **futur II** se forme avec l'auxiliaire de conjugaison **werden au présent + verbe à l'infinitif II :**

ich	werde	gesehen haben	wir	werden	gesehen haben
du	wirst	gesehen haben	ihr	werdet	gesehen haben
er / sie / es	wird	gesehen haben	sie / Sie	werden	gesehen haben

Emploi

Le **futur II** est le futur de l'accompli.

Er **wird** bis Montag das Buch **fertiggelesen haben.** *D'ici lundi il aura fini de lire le livre.*

Le **futur II** s'emploie plus fréquemment pour exprimer **une supposition concernant un fait passé.**

Sie **werden** das nicht **erfahren haben.** Sie waren nicht hier.
Vous ne l'avez sans doute pas su. Vous n'étiez pas là.
Er **wird angerufen haben,** während wir nicht zu Hause waren.
Il a dû téléphoner pendant que nous n'étions pas là.

Voir aussi Emploi du parfait c, page 28.

6. Le plus-que-parfait

Forme

Le **plus-que-parfait** se forme à l'aide de l'auxiliaire **haben** ou **sein** au **prétérit** et du **participe II :**

Ich hatte	gespielt.
Ich hatte	gegeben.
Ich war	geblieben.

Emploi

Le **plus-que-parfait** sert à exprimer l'antériorité d'une action ou d'un fait passé par rapport à une autre action ou fait passé.

Nachdem er sich die Fotos **angesehen hatte,** bestellte er ein Bier. *Après avoir regardé les photos, il a commandé une bière.*
Da ich meine Autopapiere **verloren hatte,** konnte ich nicht weg. *Comme j'avais égaré mes papiers de voiture, je n'ai pas pu partir.*

14. *Le subjonctif*

On distingue en allemand deux subjonctifs : le **subjonctif I** et le **subjonctif II.**

1. Le subjonctif I

Forme

Il y a trois temps : le subjonctif I **présent,** le subjonctif I **passé,** le subjonctif I **futur** (I et II).

Le **subjonctif I présent** est formé à partir du **radical de l'infinitif.** Les terminaisons sont **-e, -est, -e, -en, -et, -en :**

ich	frag**e**	wir	frag**en**
du	frag**est**	ihr	frag**et**
er	frag**e**	sie	frag**en**

Exception :

Le subjonctif I présent de l'auxiliaire **sein** est formé sur **le radical de l'infinitif :** Er **sei** krank.

ich	**sei**	wir	**seien**
du	**sei(e)st**	ihr	**seiet**
er	**sei**	sie	**seien**

Le **subjonctif I passé** est formé de l'auxiliaire **haben** ou **sein au subjonctif I présent + participe II :**

Er **sei gekommen.**
Er **habe gegessen.**

Le **subjonctif I futur I** est formé du **subjonctif I présent** de l'auxiliaire **werden + infinitif I :**

Er **werde** morgen zu Hause **bleiben.**
Es **werde** morgen kalt **sein.**

Le **subjonctif I futur II** est formé du subjonctif I présent de l'auxiliaire **werden + infinitif II :**

Er **werde gesagt haben…**

2. Le subjonctif II

Forme

On distingue trois temps : le subjonctif II **présent,** le subjonctif II **passé,** le subjonctif II **futur.**

Le **subjonctif II présent** se forme à partir du **radical du prétérit.**

La voyelle des verbes forts, des auxiliaires et des verbes faibles irréguliers (sauf **wollen** et **sollen**) **s'infléchit :** ich **gäbe,** ich **führe,** ich **wäre,** ich **hätte,** ich **möchte,** ich **dächte,** ich **würde,** ich **wüßte,** ich **stöße.**

Es **wäre** schön, wenn wir einen Wagen **hätten**. *Cela serait formidable, si nous avions une voiture.*
Er **wäre** gern Student, wenn er einen Studienplatz **bekäme**. *Il aimerait bien être étudiant s'il obtenait une place à l'université.*

Aux **1re et 3e personnes du singulier,** le subjonctif II prend la terminaison **-e** :

ich schrieb**e**	er schrieb**e**
ich käm**e**	er käm**e**
ich ging**e**	er ging**e**

Pour les **verbes faibles,** les **formes** du **subjonctif II présent** sont **les mêmes** que celles du **prétérit de l'indicatif.**

Le subjonctif II passé est formé de l'auxiliaire **haben** ou **sein au subjonctif II présent + participe II :**

Ich **hätte** das nicht gesagt. *Je ne l'aurais pas dit.*
Er **wäre** gern mit euch mitgereist. *Il aurait bien voyagé avec vous.*

Le **subjonctif II futur I** est formé de l'auxiliaire **werden au subjonctif II présent + infinitif I.**

Er **würde** morgen **zu Hause bleiben.** *Il resterait demain à la maison.*

Le **subjonctif II futur II** est formé de l'auxiliaire **werden** au **subjonctif II + infinitif II.**

Er **würde gesagt haben…** *Il aurait dit…*

Emploi du subjonctif I et du subjonctif II

Le **subjonctif I** présent s'emploie pour exprimer :

• **le présent au discours indirect :**

Er behauptet, er **sei** krank. *Il prétend être malade.*

On le trouve le plus souvent après un verbe comme : **sagen,** *dire* – **erklären,** *expliquer* – **antworten,** *répondre* – **lesen,** *lire* – **behaupten,** *prétendre* – **meinen,** *penser* – **glauben,** *croire,* etc.

On trouve ce subjonctif très fréquemment employé dans les journaux, les journalistes l'utilisant pour rapporter les paroles d'un tiers.

• **un souhait :**

Es **lebe** die Gerechtigkeit ! *Vive la justice !*
Es **möge** nur regnen ! *Pourvu qu'il pleuve !*

• **un ordre :**

Er **komme** herein ! *Qu'il entre !*

• **une supposition :**

Nehmen wir an, es **sei** zu spät. *Supposons qu'il soit trop tard.*
Sei es…, **sei** es… *Soit…, soit…*

• **une concession :**

Wer es auch (immer) **sei,** ich werde ihn empfangen. *Qui que ce soit, je le recevrai.*
Was er auch **wolle.** *Quoiqu'il veuille.*
Es **sei** denn daß… *A moins que…*

• **une hypothèse possible :**

Wie klug er auch **sei,** er hat das Problem nicht gelöst. *Si intelligent soit-il, il n'a pas résolu le problème.*

On emploie le subjonctif I présent quand les formes se distinguent de l'indicatif présent. C'est le cas notamment :

• **de la troisième personne du singulier** de tous les verbes :

geben : **er gebe** – laufen : **er laufe** – sehen : **er sehe** – nehmen : **er nehme,** etc.,

y compris **les verbes de modalité :**

er wolle – er solle – er könne – er möge – er müsse – er dürfe.

• des formes ci-dessous des **auxiliaires :**

du hab**est**, er hab**e**, ihr hab**et**,
ich **sei**, du **seiest,** er **sei,** wir **seien,** ihr **seiet,** sie **seien,**
du werd**est**, er werd**e**,

Le **subjonctif I** passé s'emploie pour exprimer :

• **le passé au discours indirect :**

Pour les verbes se conjuguant avec l'**auxiliaire haben,** on n'emploie que les personnes qui se distinguent de l'indicatif (**du habest gesagt, er habe gesagt, ihr habet gesagt**).

Pour les autres personnes il faut employer le subjonctif II.

Pour les verbes se conjuguant avec l'**auxiliaire sein** on l'emploie à toutes les personnes : Sie **seien** gut angekommen, mais : Er sagt, wir **hätten** zu spät angerufen (subjonctif II).

Le **subjonctif I futur** est utilisé pour exprimer **le futur au discours indirect,** pratiquement uniquement à la 3e personne du singulier :

Sie sagte mir, sie **werde** demnächst kommen. *Elle me disait qu'elle viendrait très prochainement.*

Le **subjonctif II présent** s'emploie pour exprimer :

• **un souhait irréalisable,** l'hypothétique :

avec *wenn* :

Wenn ich nur Geld **hätte** ! *Si seulement j'avais de l'argent !*

sans *wenn* :

Wäre er geduldig, so **würde** er warten. *S'il était patient, il attendrait.*

• **le conditionnel présent français :**

Könnten Sie mir helfen ? *Pourriez-vous m'aider ?*
Bei diesem schönen Wetter, **wäre** ich gern am Strand. *Par ce beau temps j'aimerais bien être à la plage.*
Ich **wüßte** nicht was zu tun. *Je ne saurais pas quoi faire.*

Il est obligatoire après **wenn** conditionnel (= **si**) :

Wenn ich Millionär **wäre...** *Si j'étais millionnaire ...*

et après **als ob :**

Er tut, **als ob** er sehr beschäftigt **wäre.** *Il fait comme s'il était très occupé.*

Dans ces deux cas le français utilise l'imparfait.

On utilise le **subjonctif II passé** pour exprimer :

• **le conditionnel passé français :**

Ich **hätte** das nicht **sagen sollen.** *Je n'aurais pas dû dire ça.*
Du **wärest** bestimmt unruhig **gewesen.** *Tu aurais certainement été inquiet.*

• **un regret,** là où le **français** utilise le **plus-que-parfait.**

Hätte ich nur den Hund zu Hause **gelassen.** *Si seulement j'avais laissé le chien à la maison !*
Wären wir vorsichtig **gefahren** ! *Si nous avions conduit avec prudence !*

• **qu'un fait a failli se produire** (avec **beinahe,** ou **fast**) :

Beinahe wäre er gegen den Baum **gefahren.** *Pour un peu il serait rentré dans l'arbre.*
Er **hätte** das Spiel **fast gewonnen.** *Il a failli gagner le jeu.*

Le **subjonctif II futur** est surtout utilisé pour exprimer **le conditionnel présent et passé français :**

Ich **würde schreiben,** wenn ich die Adresse **wüßte.** *J'écrirais si je connaissais l'adresse.*
Was **würdest** du dazu **sagen** ? *Qu'en dirais-tu ?*

Cette forme composée du futur s'emploie fréquemment à la place de la forme simple du présent. On dit volontiers :

Er **würde** gern Tennis **spielen,** *au lieu de :*
Er **spielte** gern Tennis.
Er **würde** gern ins Kino **gehen,** *au lieu de :*
Er **ginge** gern ins Kino.

Remarque :
Lorsque la forme du subjonctif I est identique à celle de l'indicatif, on utilise **obligatoirement, dans le style indirect,** le subjonctif II.

On ne peut donc **pas** dire :

Mutti glaubte, ich habe Zahnweh. Er meinte, ich werde kommen.

Il **faut** dire :

Mutti glaubte, ich **hätte** Zahnweh. Er meinte, ich **würde** kommen.

Des interférences se produisent fréquemment dans la langue parlée entre subjonctif I et II. **On a tendance à privilégier l'emploi du subjonctif II.** Ainsi, on dit :

Sie behauptete, das Restaurant **wäre** ihr zu teuer, *au lieu de :*
Sie behauptete, das Restaurant **sei** ihr zu teuer.

15. *L'impératif*

Forme

Le verbe se trouve toujours en tête de la phrase.

La 2e personne du singulier de l'impératif correspond au radical de l'infinitif :

gehen : **Geh !**
laufen : **Lauf !**

La 2e personne du pluriel a la même forme que celle du présent de l'indicatif sans le pronom:

Geht ! Lauft !

La forme de politesse correspond à la forme de politesse du présent de l'indicatif : **Gehen Sie ! – Laufen Sie !**

La 1re personne du pluriel correspond à la 1re personne du pluriel du présent de l'indicatif suivie du pronom :

Gehen wir ! – Laufen wir !
Hol mir bitte Milch ! *Apporte-moi du lait, s'il-te-plaît !*
Geh doch weg ! *Mais va-t-en !*
Hör auf ! *Arrête !*
Fahren wir los ! *Allons-y !*

Paßt doch auf ! *Faites donc attention !*
Geben Sie mal her ! *Donnez-moi (ça) !*

Pour les verbes forts en **-e-** qui changent la voyelle du radical à la 2e et à la 3e personne du singulier (**l**esen : du l**ie**st, er l**ie**st ; g**e**ben : du g**i**bst, er g**i**bt), l'impératif prend les formes en **-i-** ou **-ie-,** à la 2e personne du singulier.

Gib ! – Lies ! – Nimm !

Au singulier, les verbes forts en **-a-** ne prennent pas l'inflexion :

Fahr doch rechts !

Emploi

L'impératif peut exprimer :

• une **demande :**
Kauf mir die Zeitung ! *Achète-moi le journal !*

• une **prière :**
Hören Sie mir bitte zu, ! *Ecoutez-moi, je vous prie !*

• un **conseil :**
Mach schnell ! Du wirst den Zug verpassen ! *Dépêche-toi, tu vas rater le train.*

• une **suggestion :**
Lies doch dieses Buch ! Es ist besonders interessant. *Lis donc ce livre ! Il est particulièrement intéressant.*

• une **invitation :**
Kommt morgen abend zum Abendessen ! *Venez dîner demain soir !*

• une **prescription :**
Nimm zwei Tabletten pro Tag. *Prends deux comprimés par jour.*

• un **ordre poli :**
Bringen Sie mir ein Bier, bitte ! *Apportez-moi une bière, svp !*

• un **ordre brutal :**
Geh weg ! *Va-t-en !*

D'autres modes et formes peuvent exprimer l'ordre :

1. L'infinitif I :
Nicht **hinauslehnen !** *Ne pas se pencher au dehors !*
Einfahrt **freihalten !** *Sortie de voitures !*

2. Le participe II :
Rauchen **verboten.** *Défense de fumer.*
Nur für Fahrräder **gestattet.** *Réservé aux cyclistes.*

3. Une phrase elliptique :

• avec un **nom :**
Hilfe ! *Au secours !*
Vorsicht ! *Attention !*

• avec un **adjectif :**

Schnell ! *Vite !*

• avec une **particule :**

Herein ! *Entrez !*
Bücher **zu !** *Fermez les livres !*

Pour nuancer l'impératif, on emploie les adverbes : **schon, doch, nur, mal, ruhig, halt,** etc.

Hör **mal,** Junge ! *Ecoute donc, mon garçon !*
Komm **doch !** *Viens donc !*
Geh **nur !** *Vas-y-donc !*

16. *Les participes I et II*

1. Le participe I

Forme

Le participe I se forme avec l'**infinitif I + -d :**

lachen**d,** kommen**d,** wissen**d.**

Emploi

Il est utilisé :

• comme **adjectif épithète :**

das **kommende** Jahr, *l'année à venir.*

• comme **substantif :**

der **Reisende** (ein **Reisender**). *Le voyageur (un voyageur).*

• comme **adjectif attribut :**

Der Film ist **spannend.** *Le film est passionnant.*

• à la place d'une **relative :**

a) à sens actif :

Die **schreienden** Kinder sind sehr laut. (Die Kinder, **die schreien,** ...) *Les enfants qui crient sont très bruyants.*

b) à sens passif (précédé de **zu**) :

Das **zu lösende** Problem ist nicht einfach. (Das Problem, **das gelöst werden muß,** ...) *Le problème à résoudre n'est pas simple.*

• en **apposition :**

Laut **sprechend** kam er auf mich zu. *Tout en parlant très fort il vint à ma rencontre.*

2. Le participe II

Forme

Nous avons vu (p. 27) que le participe II se forme en ajoutant l'augment **ge-** au radical du verbe (sauf si le verbe n'est pas accentué sur la première syllabe) et en ajoutant la terminaison **-t** (verbes faibles et faibles irréguliers) ou **-en** (verbes forts) :

gemacht**,** **ge**stohl**en,** vergess**en,** an**ge**komm**en,** reparier**t.**

Emploi

Il est utilisé :

- comme **adjectif épithète :**

  Vergangenes Jahr haben wir uns wiedergesehen. *L'année dernière nous nous sommes revus.*

- comme **substantif :**

  Das **Gewünschte** wird erfüllt. *Ce que l'on a désiré se réalise.*

- en **apposition :**

  Fasziniert, blieb er still. *Fasciné il se tut.*

  Kaum **angekommen,** fing er an zu meckern. *A peine arrivé, il commença à rouspéter.*

Voir aussi Impératif - Emploi, page 36.

17. *L'infinitif*

En allemand, l'**infinitif I** (ou infinitif présent) se termine toujours, par **-n** ou **-en :**

lauf**en,** spiel**en,** hab**en,** werd**en,** sei**n,** klingel**n.**

L'infinitif passé ou **infinitif II** est formé du **participe II** et de **l'auxiliaire :**

gelaufen sein – gespielt haben – gehabt haben – geworden sein – gewesen sein – gearbeitet haben – geklingelt haben.

Comme en français, l'infinitif peut être associé :

- à un **verbe de modalité** (dürfen, können, sollen, müssen, wollen, mögen) :

  Ich **möchte** ins Kino **gehen.** *Je voudrais aller au cinéma.*
  Er **will radfahren.** *Il veut faire du vélo.*
  Ich **soll** zu Hause **anrufen.** *Je dois téléphoner à la maison.*
  Ich **muß** im Bett **bleiben.** *Je dois rester au lit.*
  Ich **kann schwimmen.** *Je sais nager.*

• au verbe **lassen :**

Er **läßt** sich nicht **überreden,** ins Kino zu gehen. *Il ne se laisse pas persuader d'aller au cinéma.*

• au verbe **gehen :**

Mutti **geht** immer sehr früh **einkaufen.** *Maman va toujours faire ses courses très tôt.*
Ich **gehe** jeden Samstag **schwimmen.** *Je vais nager tous les samedis.*

• aux verbes **sehen, hören, fühlen, spüren :**

Ich **höre** die Bremsen **quietschen.** *J'entends les freins grincer.*
Ich **sehe** ihn **kommen.** *Je le vois venir.*

Pour le "double infinitif" voir Le parfait, page 27.

Contrairement au français, l'infinitif peut également être associé à **bleiben :**

Er **bleibt** lange **sitzen.** *Il reste longtemps assis.*

Avec tous ces verbes, l'infinitif est employé sans *zu.*

L'infinitif complément d'un autre verbe est, en général, **introduit par *zu* :**

Der Gastarbeiter **hofft,** bald wieder eine Stelle **zu finden.** *Le travailleur étranger espère retrouver bientôt un emploi.*
Der Bahnbeamte **bittet** den Reisenden, die Fahrkarte **vorzuzeigen.** *Le contrôleur prie le voyageur de montrer son billet.*
Der Pilot **versucht,** mit dem Flughafen in Verbindung zu treten. *Le pilote essaie d'entrer en liaison avec l'aéroport.*
Wir **brauchen** nicht länger **zu diskutieren.** *Nous n'avons pas besoin de discuter plus longtemps.*
Es **scheint** gar nicht so einfach **zu sein.** *Cela n'a pas l'air d'être si simple.*
Die Kinder **haben keine Lust,** ins Bett **zu gehen.** *Les enfants n'ont pas envie d'aller se coucher.*
Ich **habe das Gefühl,** in einer anderen Welt **zu leben.** *J'ai l'impression de vivre dans un autre monde.*

Avec quelques verbes on peut employer l'infinitif **sans *zu*** (surtout si la phrase est brève) ou **avec *zu* : helfen, lernen, lehren.**

Sie **lernt** Geige **spielen.**
Er **lehrt** die Schüler **lesen.**
Ich **helfe** den Tisch **decken,** *ou :*
Ich **helfe,** den Tisch **zu decken.**

Les auxiliaires **haben** et **sein** s'emploient **avec un complément à l'infinitif** pour exprimer une **possibilité** ou une **obligation :**

Das **ist** noch **zu machen.** *Cela reste à faire.*
Die Sache **war** in einer Woche **zu erledigen.** *Il fallait régler le problème en une semaine.*

Es **war** kaum **zu glauben.** *C'était à peine croyable.*
Er **hat** den Tisch **abzudecken.** *Il doit débarasser la table.*
Ich **habe** zur Zeit sehr viel **zu tun.** *J'ai beaucoup à faire en ce moment.*
Er **hat** noch seine Lektion **zu lernen.** *Il doit encore apprendre sa leçon.*

Zu peut être associé à trois prépositions : **anstatt, ohne, um : um... zu, anstatt... zu, ohne... zu :**

Er ist ausgegangen, **um** seine Zeitung **zu** holen. *Il est sorti pour acheter son journal.*
Er hat sich entschieden, **ohne** nach**zu**denken. *Il s'est décidé sans réfléchir.*
Er ist ins Theater gegangen, **anstatt** an seiner Dissertation **zu** arbeiten. *Il est allé au théâtre au lieu de travailler à sa thèse.*

18. *Les verbes de modalité*

Ils sont au nombre de six :
dürfen : avoir l'autorisation de ;
können : avoir la capacité de, la possibilité ou le savoir-faire ;
müssen : être obligé de, devoir ;
sollen : devoir (obligation imposée par un tiers) ;
wollen : vouloir ;
mögen : désirer, aimer bien ;
Nous avons vu que ces verbes, au présent de l'indicatif, ont une **conjugaison particulière.** *Voir p. 24.*

Ces verbes s'emploient, le plus souvent, avec un groupe verbal à l'infinitif :

Ich **kann** schwimmen. *Je sais nager.*
Willst du mit mir ins Kino gehen ? *Veux-tu aller au cinéma avec moi ?*
Soll ich jetzt anrufen ? *Faut-il que je téléphone maintenant ?*

Nous avons également vu que les verbes de modalité ont une forme particulière au parfait quand ils sont associés à un infinitif. Voir p. 27.

Ich soll jetzt anrufen. Ich **habe** anrufen **sollen.** *Je dois téléphoner maintenant. J'ai dû téléphoner.*
Ich **will** radfahren. Ich **habe** radfahren **wollen.** *Je veux faire du vélo. J'ai voulu faire du vélo.*

Emploi des verbes de modalité

• **Dürfen** sert essentiellement à exprimer **l'autorisation** et **l'interdiction** :

Du **darfst** heute fernsehen ; du hast morgen keine Schule. *Tu peux regarder la télévision ce soir ; demain tu n'as pas classe.*

Hier **darf** man **nicht** parken. *Il est interdit de stationner ici.*

• **Können** sert à exprimer **la possibilité, la capacité :**

Können Sie mir sagen, wo die Post ist ? *Pouvez-vous m'indiquer la poste ?*

Ich **kann** schwimmen. *Je sais nager.*

On confond souvent **können** et **dürfen,** étant donné qu'en français on exprime l'autorisation et la possibilité au moyen du seul verbe « pouvoir ».

Puis-je ouvrir la fenêtre ? se traduit, en allemand, par :

Darf ich das Fenster aufmachen ? et non par **Kann ich...**

On emploie les formes du subjonctif **dürfte** et **könnte :**

• pour exprimer **l'autorisation** ou **la possibilité d'une manière plus courtoise,** là où en français on emploie le conditionnel.

Dürfte ich hier mal kurz parken ? *Pourrais-je me garer un instant ici ?*

Könnten Sie mir sagen, wo die Post ist ? *Pourriez-vous m'indiquer la poste ?*

• pour exprimer une **probabilité :**

Das **dürfte** schon klappen. *Cela devrait marcher.*

Es **könnte** wohl stimmen. *Cela pourrait bien être vrai.*

• **Müssen** sert à exprimer l'obligation **imposée par les circonstances, une nécessité :**

Ich **muß** jetzt weg. *Il faut que je parte.*

Ich **muß** operiert werden. *Il faut que l'on m'opère.*

Alle Menschen **müssen** sterben. *Tous les hommes doivent mourir.*

• **Sollen** sert à exprimer une **obligation imposée par un tiers.**

Ich **soll** jetzt weg. *On me dit de partir.*

Ich **soll** operiert werden. *On pense qu'il faut m'opérer.*

Au subjonctif, **müßte** et **sollte** servent à exprimer **un souhait** ou **une idée non réalisée :**

Man **müßte** Oberstudiendirektor werden. *Il faudrait devenir proviseur.*

Man **sollte** nie übers Wochenende Autobahn fahren. *On ne devrait jamais prendre l'autoroute en fin de semaine.*

Rappel :

Sollen sert à **nuancer une affirmation d'autrui :**

Dieser Kollege **soll** sehr nett sein. *Il paraît que ce collègue est très gentil.*

Tournures idiomatiques :

Was soll das ! *A quoi bon !*
Was soll denn das ? *Qu'est-ce que cela signifie ?*

• **Wollen** sert à exprimer une **intention,** une **volonté :**

Ich **will** nächstes Jahr nach Afrika fliegen. *J'ai l'intention d'aller en Afrique l'an prochain.*
Ich **will** nicht, daß du rauchst. *Je ne veux pas que tu fumes.*

On l'utilise également pour traduire **« je vais ».**

Ich **will** den Direktor sprechen. *Je vais parler au directeur.*

Rappel :

Wollen sert également à **nuancer une affirmation :**

Er **will** Sie gestern getroffen haben. *Il prétend vous avoir rencontré hier.*

• **Mögen** s'emploie pour exprimer l'idée d'**aimer bien :**

Ich **mag** deutsches Bier. *J'aime bien la bière allemande.*
Ich **mag** keinen Tee. *Je n'aime pas le thé.*
Ich **mag** sie. *Elle me plaît.*

Le verbe **mögen** s'emploie fréquemment au **subjonctif II :**

• avec une valeur de **présent :**

Möchtest du Tee oder Kaffee ? *Veux-tu du thé ou du café ?*

• **dans des tournures telles que :**

Ich **möchte** wissen. *Je voudrais savoir.*
Ich **möchte** Brot. *Je voudrais du pain.*

Rappel :

Mögen sert à **nuancer :**

• **l'interrogation :**

Wie alt mag er wohl sein ? *Quel âge peut-il bien avoir ?*

• **l'affirmation :**

Er mag angerufen haben. *Il a peut-être téléphoné.* (C'est une supposition.)

Il sert en outre à exprimer :

• **le souhait :**

Es möge nur regnen. *Pourvu qu'il pleuve !*

• **la concession :**

Wie auch das Wetter sein mag… *Quel que soit le temps.*

19. *Le passif*

Forme

Le **passif** est composé de l'auxiliaire **werden** et du **participe II.**

Das Haus **wird abgebrochen.** *On démolit la maison.*

Le passif comporte six temps de l'indicatif.

1. Présent passif :

Eine Schnellstrecke **wird gebaut.** *On construit une voie rapide.*

2. Prétérit passif :

Die Reden **wurden** von Fachleuten **gehalten.** *Les discours furent prononcés par des experts.*

3. Parfait passif :

Das Gesetz **ist verabschiedet worden.** *La loi a été votée.*

4. Plus-que-parfait passif :

Der Vorschlag **war angenommen worden.** *Le projet avait été accepté.*

Remarque :

Au parfait et plus-que-parfait du passif, on emploie la forme **worden** au lieu du participe passé de **werden** (**geworden**).

5. Futur I passif :

Nächstes Jahr **wird** eine neue Autobahn **gebaut werden.** *Une nouvelle autoroute sera construite l'an prochain.*

6. Futur II passif :

Nächstes Jahr im August **wird** die neue Autobahn schon **gebaut worden sein.** *L'an prochain, en août, la nouvelle autoroute aura déjà été construite.*

Il y a en outre trois temps du subjonctif I, et quatre temps du subjonctif II (cf. tableau, p. 52).

Emploi

Le passif s'emploie en allemand plus fréquemment qu'en français. On s'en sert souvent là où le français utilise *on* et une tournure active, l'allemand **man** étant d'un usage moins fréquent.

C'est ainsi que la tournure passive est utilisée en allemand lorsque l'on ne connaît pas l'agent de l'action ou lorsque l'on ne veut pas le mentionner :

Jetzt **wird** Bier **getrunken.** *On va boire de la bière.*

An diesem Projekt **wird** schon lange **gearbeitet.** *On travaille depuis longtemps à ce projet.*

Si la phrase ne commence pas par le sujet ou un autre complément, on place en première position le pronom impersonnel **es :**

Es wird eine neue Bank gebaut. *On construit une nouvelle banque.*

Comparez avec :

Hier wird eine neue Bank gebaut. *Ici, on construit une nouvelle banque.*

On dit donc :

Es wird getanzt. *On danse.*
Es wird gegessen. *On mange.*

mais :

Hier wird getanzt. *On danse ici.*
Jetzt wird gegessen. *Maintenant on mange.*

Les auxiliaires de mode sont suivis de l'infinitif passif :

Das Geschirr **muß gespült werden.** *Il faut faire la vaisselle.*
Die Geschwindigkeit **muß begrenzt werden.** *Il faut limiter la vitesse.*
Der Verkehr **soll geregelt werden.** *Il faut régler la circulation.*

Lorsque l'on veut préciser qui est **l'agent de l'action,** on emploie la préposition **von + datif.**

Die Nachricht wurde **von den Nachbarn** weitergegeben. *La nouvelle a été transmise par les voisins.*

Lorsque l'on veut indiquer **le moyen,** on emploie **durch + accusatif.**

Die Nachricht wurde **durchs Radio** weitergegeben. *La nouvelle a été transmise par la radio.*

Remarque :

Le passif formé avec l'auxiliaire **werden** est un passif « action ». Il indique que l'action est, était ou sera en train de se faire. (Cf. les exemples donnés plus haut.)

Si l'on veut indiquer que l'action est déjà accomplie, il faut employer l'auxiliaire **sein.**

Das Auto **ist repariert :** l'action est accomplie. (*La voiture est réparée*).
Das Auto **wird repariert :** l'action se déroule. (*On est en train de réparer la voiture.*)

20. *Tableaux de conjugaison*

1. Les auxiliaires de conjugaison

Indicatif

	sein	**haben**	**werden**
Présent	ich bin du bist er sie } ist es wir sind ihr seid sie Sie } sind	ich habe du hast er sie } hat es wir haben ihr habt sie Sie } haben	ich werde du wirst er sie } wird es wir werden ihr werdet sie Sie } werden
Prétérit	ich war du warst er sie } war es wir waren ihr war(e)t sie Sie } waren	ich hatte du hattest er sie } hatte es wir hatten ihr hattet sie Sie } hatten	ich wurde du wurdest er sie } wurde es wir wurden ihr wurdet sie Sie } wurden
Parfait	ich bin gewesen du bist gewesen er sie } ist gewesen es wir sind gewesen ihr seid gewesen sie Sie } sind gewesen	ich habe gehabt du hast gehabt er sie } hat gehabt es wir haben gehabt ihr habt gehabt sie Sie } haben gehabt	ich bin geworden du bist geworden er sie } ist geworden es wir sind geworden ihr seid geworden sie Sie } sind geworden
Plus-que-parfait	ich war gewesen	ich hatte gehabt	ich war geworden
Futur I	ich werde sein du wirst sein er sie } wird sein es wir werden sein ihr werdet sein sie Sie } werden sein	ich werde haben du wirst haben er sie } wird haben es wir werden haben ihr werdet haben sie Sie } werden haben	ich werde werden du wirst werden er sie } wird werden es wir werden werden ihr werdet werden sie Sie } werden werden
Futur II	er wird gewesen sein	er wird gehabt haben	er wird geworden sein

Impératif

	sein	**haben**	**werden**
	sei... ! seien wir... ! seid... ! seien Sie... !	habe... ! haben wir... ! habt... ! haben Sie... !	werde... ! werden wir... ! werdet... ! werden Sie

Infinitif

	sein	**haben**	**werden**
Infinitif I **Infinitif II**	sein gewesen sein	haben gehabt haben	werden geworden sein

Participe

	sein	**haben**	**werden**
Participe I **Participe II**	seiend gewesen	habend gehabt	werdend geworden

Subjonctif

	sein	**haben**	**werden**
SUBJONCTIF I **Présent** (radical de l'infinitif	ich sei du sei(e)st er, sie, es } sei wir seien ihr seiet sie, Sie } seien	ich habe du **habest** er, sie, es } **habe** wir haben ihr **habet** sie, Sie } haben	ich werde du **werdest** er, sie, es } **werde** wir werden ihr werdet sie, Sie } werden
Passé	ich sei gewesen du sei(e)st gewesen er, sie, es } sei gewesen wir seien gewesen ihr seiet gewesen sie, Sie } seien gewesen	ich habe gehabt du **habest** gehabt er, sie, es } **habe** gehabt wir haben gehabt ihr **habet** gehabt sie, Sie } haben gehabt	ich sei geworden du sei(e)st geworden er, sie, es } sei geworden wir seien geworden ihr seiet geworden sie, Sie } seien geworden
Futur	ich werde sein du **werdest** sein er, sie, es } **werde** sein wir werden sein ihr werdet sein sie, Sie } werden sein	ich werde haben du **werdest** haben er, sie, es } **werde** haben wir werden haben ihr werdet haben sie, Sie } werden haben	Ich werde werden du **werdest** werden er, sie, es } **werde** werden wir werden werden ihr werdet werden sie, Sie } werden werden

SUBJONCTIF II **Présent** (radical du prétérit	ich wäre du wär(e)st er, sie, es wäre wir wären ihr wär(e)t sie, Sie wären	ich hätte du hättest er, sie, es hätte wir hätten ihr hättet sie, Sie hätten	ich würde du würdest er, sie, es würde wir würden ihr würdet sie, Sie würden
Passé	ich wäre gewesen	ich hätte gehabt	ich wäre geworden
Futur I	ich würde sein du würdest sein er, sie, es würde sein wir würden sein ihr würdet sein sie, Sie würden sein	ich würde haben du würdest haben er, sie, es würde haben wir würden haben ihr würdet haben sie, Sie würden haben	ich würde werden du würdest werden er, sie, es würde werden wir würden werden ihr würdet werden sie, Sie würden werden
Futur II	ich würde... gewesen sein	ich würde... gehabt haben	ich würde... geworden sein

2. Les verbes faibles

Indicatif **KAUFEN**

Présent	Prétérit	Parfait
ich kaufe du kaufst er, sie, es kauft wir kaufen ihr kauft sie, Sie kaufen	ich kaufte du kauftest er, sie, es kaufte wir kauften ihr kauftet sie, Sie kauften	ich habe gekauft du hast gekauft er, sie, es hat gekauft wir haben gekauft ihr habt gekauft sie, Sie haben gekauft
Plus-que-parfait	**Futur I**	**Futur II**
ich hatte gekauft du hattest gekauft er, sie, es hatte gekauft wir hatten gekauft ihr hattet gekauft sie, Sie hatten gekauft	ich werde kaufen du wirst kaufen er, sie, es wird kaufen wir werden kaufen ihr werdet kaufen sie, Sie werden kaufen	ich werde gekauft haben du wirst gekauft haben er, sie, es wird gekauft haben wir werden gekauft haben ihr werdet gekauft haben sie, Sie werden gekauft haben

Impératif	*Infinitif*	*Participe*
Kauf ! Kaufen wir ! Kauft ! Kaufen Sie !	**Infinitif I** kaufen **Infinitif II** gekauft haben	**Participe I** kaufend **Participe II** gekauft

Subjonctif

SUBJONCTIF I		
Présent	**Passé**	**Futur**
(radical de l'infinitif I) ich kaufe du **kaufest** er sie **kaufe** es wir kaufen ihr **kaufet** sie Sie kaufen	ich habe gekauft du **habest** gekauft er sie **habe** gekauft es wir haben gekauft ihr **habet** gekauft sie Sie haben gekauft	ich werde kaufen du **werdest** kaufen er sie **werde** kaufen es wir werden kaufen ihr werdet kaufen sie Sie werden kaufen

SUBJONCTIF II			
Présent	**Passé**	**Futur I**	**Futur II**
(radical du prétérit) ich kaufte (1) du kauftest er sie kaufte es wir kauften ihr kauftet sie Sie kauften	ich hätte gekauft (2) du hättest gekauft er sie hätte gekauft es wir hätten gekauft ihr hättet gekauft sie Sie hätten gekauft	ich würde kaufen (1) du würdest kaufen er sie würde kaufen es wir würden kaufen ihr würdet kaufen sie Sie würden kaufen	ich würde gekauft haben (2) du würdest gekauft haben er sie würde gekauft haben es wir würden gekauft haben ihr würdet gekauft haben sie Sie würden gekauft haben

1. Expression du conditionnel français présent : j'achèterais.
2. Expression du conditionnel français passé : j'aurais acheté.

3. Les verbes forts

Indicatif **GEBEN (e -a - e)**

Présent	Prétérit	Parfait
ich gebe	ich gab	ich habe gegeben
du gibst	du gabst	du hast gegeben
er / sie / es gibt	er / sie / es gab	er / sie / es hat gegeben
wir geben	wir gaben	wir haben gegeben
ihr gebt	ihr gabt	ihr habt gegeben
sie / Sie geben	sie / Sie gaben	sie / Sie haben gegeben
Plus-que-parfait	**Futur I**	**Futur II**
ich hatte gegeben	ich werde geben	ich werde gegeben haben
du hattest gegeben	du wirst geben	du wirst gegeben haben
er / sie / es hatte gegeben	er / sie / es wird geben	er / sie / es wird gegeben haben
wir hatten gegeben	wir werden geben	wir werden gegeben haben
ihr hattet gegeben	ihr werdet geben	ihr werdet gegeben haben
sie / Sie hatten gegeben	sie / Sie werden geben	sie / Sie werden gegeben haben

Impératif	*Infinitif*	*Participe*
Gib... ! Geben wir... ! Gebt... ! Geben Sie !	**Infinitif I** geben **Infinitif II** gegeben haben	**Participe I** gebend **Participe II** gegeben

Subjonctif

SUBJONCTIF I		
Présent	**Passé**	**Futur I**
(radical de l'infinitif I)		
ich gebe	ich habe gegeben	ich werde geben
du **gebest**	du **habest** gegeben	du **werdest** geben
er / sie / es **gebe**	er / sie / es **habe** gegeben	er / sie / es **werde** geben
wir geben	wir haben gegeben	wir werden geben
ihr **gebet**	ihr **habet** gegeben	ihr werdet geben
sie / Sie geben	sie / Sie haben gegeben	sie / Sie werden geben

SUBJONCTIF II			
Présent	**Passé**	**Futur I**	**Futur II**
(radical du prétérit)			
ich gäbe	ich hätte gegeben	ich würde geben	ich würde gegeben haben
du gäbest	du hättest gegeben	du würdest geben	du würdest gegeben haben
er / sie / es gäbe	er / sie / es hätte gegeben	er / sie / es würde geben	er / sie / es würde gegeben haben
wir gäben	wir hätten gegeben	wir würden geben	wir würden gegeben haben
ihr gäbet	ihr hättet gegeben	ihr würdet geben	ihr würdet gegeben haben
sie / Sie gäben	sie / Sie hätten gegeben	sie / Sie würden geben	sie / Sie würden gegeben haben

Indicatif **FAHREN (a - u - a)**

Présent	Prétérit	Parfait
ich fahre	ich fuhr	ich bin gefahren
du fährst	du fuhrst	du bist gefahren
er / sie / es fährt	er / sie / es fuhr	er / sie / es ist gefahren
wir fahren	wir fuhren	wir sind gefahren
ihr fahrt	ihr fuhrt	ihr seid gefahren
sie / Sie fahren	sie / Sie fuhren	sie / Sie sind gefahren
Plus-que-parfait	**Futur I**	**Futur II**
ich war gefahren	ich werde fahren	ich werde gefahren sein
du warst gefahren	du wirst fahren	du wirst gefahren sein
er / sie / es war gefahren	er / sie / es wird fahren	er / sie / es wird gefahren sein
wir waren gefahren	wir werden fahren	wir werden gefahren sein
ihr wart gefahren	ihr werdet fahren	ihr werdet gefahren sein
sie / Sie waren gefahren	sie / Sie werden fahren	sie / Sie werden gefahren sein

Impératif	*Infinitif*	*Participe*
Fahr(e)... ! Fahren wir... ! Fahrt... ! Fahren Sie !	**Infinitif I** fahren **Infinitif II** gefahren sein	**Participe I** fahrend **Participe II** gefahren

Subjonctif

SUBJONCTIF I		
Présent	**Passé**	**Futur**
(radical de l'infinitif I)		
ich fahre	ich sei gefahren	ich werde fahren
du **fahrest**	du sei(e)st gefahren	du **werdest** fahren
er / sie / es **fahre**	er / sie / es sei gefahren	er / sie / es **werde** fahren
wir fahren	wir seien gefahren	wir werden fahren
ihr **fahret**	ihr seiet gefahren	ihr werdet fahren
sie / Sie fahren	sie / Sie seien gefahren	sie / Sie werden fahren

SUBJONCTIF II			
Présent	**Passé (2)**	**Futur I (1)**	**Futur II (2)**
(radical du prétérit)			
ich führe	ich wäre gefahren	ich würde fahren	ich würde gefahren sein
du führest	du wärest gefahren	du würdest fahren	du würdest gefahren sein
er / sie / es führe	er / sie / es wäre gefahren	er / sie / es würde fahren	er / sie / es würde gefahren sein
wir führen	wir wären gefahren	wir würden fahren	wir würden gefahren sein
ihr führet	ihr wär(e)t gefahren	ihr würdet fahren	ihr würdet gefahren sein
sie / Sie führen	sie / Sie wären gefahren	sie / Sie würden fahren	sie / Sie würden gefahren sein

1. Expression du conditionnel français présent : *j'irais.*
2. Expression du conditionnel français passé : *je serais allé.*

4. La voix passive

Indicatif **RUFEN (u - ie - u)**

Présent	**Prétérit**	**Parfait**
ich werde gerufen	ich wurde gerufen	ich bin gerufen worden
du wirst gerufen	du wurdest gerufen	du bist gerufen worden
er / sie / es wird gerufen	er / sie / es wurde gerufen	er / sie / es ist gerufen worden
wir werden gerufen	wir wurden gerufen	wir sind gerufen worden
ihr werdet gerufen	ihr wurdet gerufen	ihr seid gerufen worden
sie / Sie werden gerufen	sie / Sie wurden gerufen	sie / Sie sind gerufen worden

Plus-que-parfait	**Futur I**	**Futur II**
ich war gerufen worden	ich werde gerufen werden	ich werde gerufen worden sein
du warst gerufen worden	du wirst gerufen werden	du wirst gerufen worden sein
er / sie / es war gerufen worden	er / sie / es wird gerufen werden	er / sie / es wird gerufen worden sein
wir waren gerufen worden	wir werden gerufen werden	wir werden gerufen worden sein
ihr wart gerufen worden	ihr werdet gerufen werden	ihr werdet gerufen worden sein
sie / Sie waren gerufen worden	sie / Sie werden gerufen werden	sie / Sie werden gerufen worden sein

Infinitif

Infinitif I gerufen werden **Infinitif II** gerufen worden sein

Subjonctif

SUBJONCTIF I		
Présent	**Passé**	**Futur**
ich werde gerufen du **werdest** gerufen er / sie / es **werde** gerufen wir werden gerufen ihr **werdet** gerufen sie / Sie werden gerufen	ich sei gerufen worden du sei(e)st gerufen worden er / sie / es sei gerufen worden wir seien gerufen worden ihr seiet gerufen worden sie / Sie seien gerufen worden	ich werde gerufen werden du **werdest** gerufen werden er / sie / es **werde** gerufen werden wir werden gerufen werden ihr werdet gerufen werden sie / Sie werden gerufen werden

SUBJONCTIF II	
Présent	**Passé (2)**
ich würde gerufen du würdest gerufen er / sie / es würde gerufen wir würden gerufen ihr würdet gerufen sie / Sie würden gerufen	ich wäre gerufen worden du wärest gerufen worden er / sie / es wäre gerufen worden wir wären gerufen worden ihr wäret gerufen worden sie / Sie wären gerufen worden
Futur I (1)	**Futur II (2)**
ich würde gerufen werden du würdest gerufen werden er / sie / es würde gerufen werden wir würden gerufen werden ihr würdet gerufen werden sie / Sie würden gerufen werden	ich würde gerufen worden sein du würdest gerufen worden sein er / sie / es würde gerufen worden sein wir würden gerufen worden sein ihr würdet gerufen worden sein sie / Sie würden gerufen worden sein

1. Expression du conditionnel français présent : *je serais appelé.*
2. Expression du conditionnel français passé : *j'aurais été appelé.*

21. *Verbes irréguliers*

Infinitif (Présent)	Prétérit	Parfait	Sens*
abhängen von	hing ... ab	hat abgehangen	*dépendre de*
abnehmen (nimmt ... ab)	nahm ... ab	hat abgenommen	*ôter, diminuer, maigrir*
abreißen	riß ... ab	hat abgerissen	*détacher*
anbieten	bot ... an	hat angeboten	*offrir*
anerkennen	erkannte ... an	hat anerkannt	*reconnaître*
anfangen (fängt ... an)	fing ... an	hat angefangen	*commencer*
angeben (gibt ... an)	gab ... an	hat angegeben	*indiquer, déclarer*
anhalten (hält ... an)	hielt ... an	hat angehalten	*(s') arrêter*
ankommen	kam ... an	ist angekommen	*arriver*
annehmen (nimmt ... an)	nahm ... an	hat angenommen	*accepter*
anrufen	rief ... an	hat angerufen	*téléphoner*
ansehen (als) (sieht ... an)	sah ... an	hat angesehen	*considérer comme*
anwenden	wandte ... an	hat angewandt	*appliquer*
anziehen	zog ... an	hat angezogen	*mettre (vêtement)*
aufgeben (gibt ... auf)	gab ... auf	hat aufgegegen	*renoncer*
aufnehmen (nimmt ... auf)	nahm ... auf	hat aufgenommen	*prendre une photo, enregistrer*
aufschlagen (schlägt ... auf)	schlug ... auf	hat/ist aufgeschlagen	*ouvrir (un livre)*
aufschreiben	schrieb ... auf	hat aufgeschrieben	*noter, prendre note*
aufstehen	stand ... auf	ist aufgestanden	*se lever*
aufwachsen (wächst ... auf)	wuchs ... auf	ist aufgewachsen	*grandir, passer son enfance*
ausgeben (gibt ... aus)	gab ... aus	hat ausgegeben	*dépenser*
ausgehen	ging ... aus	ist ausgegangen	*sortir*
ausschließen	schloß ...aus	hat ausgeschlossen	*exclure*
aussehen (sieht ... aus)	sah ... aus	hat ausgesehen	*avoir l'air*
aussprechen (spricht ... aus)	sprach ... aus	hat ausgesprochen	*prononcer*
aussteigen	stieg ... aus	ist ausgestiegen	*descendre (d'un véhicule)*
ausziehen	zog ... aus	hat ausgezogen	*enlever (vêtement)*
		ist ausgezogen	*déménager*
backen (bäckt)	backte (buk)	hat gebacken	*cuire au four*
bedenken	bedachte	hat bedacht	*considérer, tenir compte de*
bedürfen (bedarf)	bedurfte	hat bedurft	*avoir besoin de*
befehlen (befiehlt)	befahl	hat befohlen	*ordonner, commander*
beginnen	begann	hat begonnen	*commencer*
begraben (begräbt)	begrub	hat begraben	*enterrer*
begreifen	begriff	hat begriffen	*comprendre*
behalten (behält)	behielt	hat behalten	*garder, conserver*
beißen	biß	hat gebissen	*mordre*
beitragen (zu) (trägt ... bei)	trug ... bei	hat beigetragen	*contribuer à*
beitreten (tritt ... bei)	trat ... bei	ist beigetreten	*adhérer à (parti, organisation)*
bekommen	bekam	hat bekommen	*recevoir, obtenir*

Infinitif (Présent)	Prétérit	Parfait	Sens*
beraten (berät)	beriet	hat beraten	*délibérer, conseiller*
bergen (birgt)	barg	hat geborgen	*mettre en lieu sûr*
beschreiben	beschrieb	hat beschrieben	*décrire*
besitzen	besaß	hat besessen	*posséder*
besprechen (bespricht)	besprach	hat besprochen	*discuter, commenter*
bestehen (aus)	bestand	hat bestanden	*se composer de*
betragen (beträgt)	betrug	hat betragen	*se monter à*
betreffen (betrifft)	betraf	hat betroffen	*concerner*
betreten (betritt)	betrat	hat betreten	*entrer (dans un lieu)*
betrügen	betrog	hat betrogen	*tromper*
beweisen	bewies	hat bewiesen	*prouver*
(sich) beziehen (auf)	bezog sich	hat sich bezogen	*se référer, se rapporter à*
biegen	bog	hat gebogen	*courber, plier*
bieten	bot	hat geboten	*offrir*
binden	band	hat gebunden	*attacher*
bitten	bat	hat gebeten	*demander, prier de*
blasen (bläst)	blies	hat geblasen	*souffler*
bleiben	blieb	ist geblieben	*rester*
braten (brät)	briet	hat gebraten	*rôtir*
(sich) brechen (bricht sich)	brach (sich)	hat (sich) gebrochen	*(se) casser*
brennen	brannte	hat gebrannt	*brûler*
bringen	brachte	hat gebracht	*apporter*
denken	dachte	hat gedacht	*penser*
dringen	drang	ist gedrungen	*pénétrer*
dürfen (darf)	durfte	hat gedurft/hat dürfen	*pouvoir, avoir la permission de*
durchlesen (liest ... durch)	las ... durch	hat durchgelesen	*lire, parcourir*
einladen (lädt ... ein)	lud ... ein	hat eingeladen	*inviter*
einschlafen (schläft ... ein)	schlief ... ein	ist eingeschlafen	*s'endormir*
einsteigen	stieg ... ein	ist eingestiegen	*monter (dans un véhicule)*
eintreten (tritt ... ein)	trat ... ein	ist eingetreten	*entrer*
einwenden	wandte ... ein	hat eingewandt	*objecter*
einziehen	zog ... ein	ist eingezogen	*emménager*
empfangen (empfängt)	empfing	hat empfangen	*recevoir*
empfehlen (empfiehlt)	empfahl	hat empfohlen	*recommander*
empfinden als	empfand	hat empfunden	*ressentir comme*
entlassen (entläßt)	entließ	hat entlassen	*congédier, renvoyer*
(sich) entscheiden (für)	entschied	hat entschieden	*(se) décider (pour)*
sich entschließen	entschloß sich	hat sich entschlossen	*se décider*
entsprechen (entspricht)	entsprach	hat entsprochen	*correspondre à*
entstehen	entstand	ist entstanden	*naître, provenir*
erfahren (erfährt)	erfuhr	hat erfahren	*apprendre*
erfinden	erfand	hat erfunden	*inventer*
ergeben (ergibt)	ergab	hat ergeben	*résulter*
erhalten (erhält)	erhielt	hat erhalten	*recevoir*
erkennen	erkannte	hat erkannt	*reconnaître*
erlassen (erläßt)	erließ	hat erlassen	*dispenser (de) ; décréter*
erlöschen	erlosch	ist erloschen	*éteindre*
erscheinen	erschien	ist erschienen	*apparaître*
erschrecken (erschrickt)	erschrak	ist erschrocken	*avoir peur*
ertrinken	ertrank	ist ertrunken	*se noyer*
erwerben (erwirbt)	erwarb	hat erworben	*acquérir*

Infinitif (Présent)	**Prétérit**	**Parfait**	**Sens***
erziehen	erzog	hat erzogen	*élever, éduquer*
essen (ißt)	aß	hat gegessen	*manger*
fahren (fährt)	fuhr	ist/hat gefahren	*aller (véhicule), conduire*
fallen (fällt)	fiel	ist gefallen	*tomber*
fangen (fängt)	fing	hat gefangen	*attraper*
fernsehen (sieht ... fern)	sah ... fern	hat ferngesehen	*regarder la TV*
feststehen	stand ... fest	hat festgestanden	*être certain, ne pas faire de doute*
finden	fand	hat gefunden	*trouver*
fliegen	flog	ist geflogen	*voler*
fliehen	floh	ist geflohen	*fuir*
fließen	floß	ist geflossen	*couler*
fressen (frißt)	fraß	hat gefressen	*manger (animaux)*
frieren	fror	hat gefroren	*geler*
geben (gibt)	gab	hat gegeben	*donner*
gefallen (gefällt)	gefiel	hat gefallen	*plaire à*
gehen	ging	ist gegangen	*aller, marcher*
gelingen	gelang	ist gelungen	*venir à bien, réussir*
gelten (als, für) (gilt)	galt	hat gegolten	*passer pour*
genießen	genoß	hat genossen	*savourer, jouir de*
geraten (gerät)	geriet	ist geraten	*se mettre (dans une situation, un état)*
geschehen (es geschieht)	geschah	ist geschehen	*arriver (impersonnel)*
gewinnen	gewann	hat gewonnen	*gagner*
gießen	goß	hat gegossen	*verser, arroser*
gleichen	glich	hat geglichen	*ressembler*
gleiten	glitt	ist geglitten	*glisser*
graben (gräbt)	grub	hat gegraben	*creuser*
greifen	griff	hat gegriffen	*saisir*
halten (für) (hält)	hielt	hat gehalten	*tenir pour, considérer comme*
hängen	hing	hat gehangen	*être accroché*
hauen	hieb	hat gehauen	*frapper*
heben	hob	hat gehoben	*lever*
heißen	hieß	hat geheißen	*s'appeler*
helfen (hilft)	half	hat geholfen	*aider qn*
hinweisen (auf)	wies ... hin	hat hingewiesen	*faire remarquer*
kennen	kannte	hat gekannt	*connaître*
klimmen	klomm	ist geklommen	*grimper*
klingen	klang	hat geklungen	*sonner*
kneifen	kniff	hat gekniffen	*pincer*
kommen	kam	ist gekommen	*venir*
können (kann)	konnte	hat gekonnt/hat können	*pouvoir*
kriechen	kroch	ist gekrochen	*ramper*
laden (lädt)	lud	hat geladen	*charger*
lassen (läßt)	ließ	hat gelassen	*laisser*
laufen (läuft)	lief	ist gelaufen	*courir*
leiden (an, unter)	litt	hat gelitten	*souffrir de*
leihen	lieh	hat geliehen	*prêter*
lesen (liest)	las	hat gelesen	*lire*
liegen	lag	hat gelegen	*être couché*
lügen	log	hat gelogen	*mentir*

Infinitif (Présent)	Prétérit	Parfait	Sens*
meiden	mied	hat gemieden	*éviter*
messen (mißt)	maß	hat gemessen	*mesurer*
mißverstehen	mißverstanden	hat mißverstanden	*mal comprendre*
mögen (mag)	mochte	hat gemocht/hat mögen	*aimer*
müssen (muß)	mußte	hat gemußt/hat müssen	*devoir*
nachdenken (über)	dachte ... nach	hat nachgedacht	*réfléchir sur*
nehmen (nimmt)	nahm	hat genommen	*prendre*
nennen	nannte	hat genannt	*nommer*
pfeifen	pfiff	hat gepfiffen	*siffler*
preisen	pries	hat gepriesen	*vanter*
quellen (quillt)	quoll	ist gequollen	*sourdre*
raten (rät)	riet	hat geraten	*conseiller, deviner*
reiben	rieb	hat gerieben	*frotter, raper*
reißen	riß	hat gerissen	*déchirer*
		ist gerissen	*se rompre*
reiten	ritt	ist geritten	*monter à cheval*
rennen	rannte	ist gerannt	*courir*
riechen	roch	hat gerochen	*sentir*
ringen	rang	hat gerungen	*lutter*
rinnen	rann	ist geronnen	*couler*
rufen	rief	hat gerufen	*appeler, s'écrier*
saufen (säuft)	soff	hat gesoffen	*boire (animal)*
schaffen	schuf	hat geschaffen	*créer*
scheiden	schied	hat geschieden	*séparer*
		ist geschieden	*quitter*
scheinen	schien	hat geschienen	*sembler, briller*
schelten (schilt)	schalt	hat gescholten	*gronder*
schieben	schob	hat geschoben	*pousser*
schießen	schoß	hat geschossen	*tirer (arme)*
schlafen (schläft)	schlief	hat geschlafen	*dormir*
schlagen (schlägt)	schlug	hat geschlagen	*frapper*
schleichen	schlich	ist geschlichen	*se glisser*
schleifen	schliff	hat geschliffen	*aiguiser*
schließen	schloß	hat geschlossen	*fermer*
schlingen	schlang	hat geschlungen	*enlacer*
schmeißen	schmiß	hat geschmissen	*jeter, flanquer*
schmelzen (es schmilzt)	schmolz	ist geschmolzen	*fondre*
schneiden	schnitt	hat geschnitten	*couper*
schreiben	schrieb	hat geschrieben	*écrire*
schreien	schrie	hat geschrien	*crier*
schreiten	schritt	ist geschritten	*marcher*
schweigen	schwieg	hat geschwiegen	*se taire*
schwellen (schwillt)	schwoll	ist geschwollen	*gonfler*
schwimmen	schwamm	ist/hat geschwommen	*nager*
schwingen	schwang	hat geschwungen	*brandir*
schwören	schwor	hat geschworen	*jurer*
sehen (sieht)	sah	hat gesehen	*voir*
sein (ist)	war	ist gewesen	*être*
senden	sandte	hat gesandt	*envoyer*
singen	sang	hat gesungen	*chanter*
sinken	sank	ist gesunken	*couler*

Infinitif (Présent)	Prétérit	Parfait	Sens*
sitzen	saß	hat gesessen	*être assis*
sollen	sollte	hat gesollt/hat sollen	*devoir*
speien	spie	hat gespien	*cracher*
spinnen	spann	hat gesponnen	*filer*
sprechen (spricht)	sprach	hat gesprochen	*parler*
springen	sprang	ist gesprungen	*sauter*
stattfinden	fand ... statt	hat stattgefunden	*avoir lieu*
stechen (sticht)	stach	hat gestochen	*piquer*
stehen	stand	hat gestanden	*être debout*
stehlen (stiehlt)	stahl	hat gestohlen	*voler, dérober*
steigen	stieg	ist gestiegen	*monter, grimper*
sterben (an) (stirbt)	starb	ist gestorben	*mourir (de)*
stinken	stank	hat gestunken	*puer*
stoßen (auf) (stößt)	stieß	ist gestoßen	*rencontrer, se heurter à*
streichen	strich	hat gestrichen	*peindre, étaler qch*
streiten	stritt	hat gestritten	*se disputer*
teilnehmen an (nimmt ... teil)	nahm ... teil	hat teilgenommen	*prendre part à*
tragen (trägt)	trug	hat getragen	*porter*
treffen (trifft)	traf	hat getroffen	*rencontrer*
treiben	trieb	hat getrieben	*pousser, dériver*
treten (tritt)	trat	ist getreten	*marcher (sur qch)*
trinken	trank	hat getrunken	*boire*
trügen	trog	hat getrogen	*tromper*
tun	tat	hat getan	*faire*
überfahren (überfährt)	überfuhr	hat überfahren	*écraser (véhicule)*
überfallen (überfällt)	überfiel	hat überfallen	*attaquer*
überschreiten	überschritt	hat überschritten	*franchir*
übertreiben	übertrieb	hat übertrieben	*exagérer*
übertreffen (übertrifft)	übertraf	hat übertroffen	*surpasser*
überwiegen	überwog	hat überwogen	*(pré)dominer*
umziehen	zog ... um	ist umgezogen	*déménager*
unterbrechen (unterbricht)	unterbrach	hat unterbrochen	*interrompre*
untergehen	ging ... unter	ist untergegangen	*sombrer, se coucher (soleil)*
unterschreiben	unterschrieb	hat unterschrieben	*signer*
sich unterziehen	unterzog sich	hat sich unterzogen	*se soumettre*
verbergen (verbirgt)	verbarg	hat verborgen	*cacher*
verbieten	verbot	hat verboten	*défendre, interdire*
verbinden (mit)	verband	hat verbunden	*relier, faire communiquer*
verbringen	verbrachte	hat verbracht	*passer (le temps)*
verderben (verdirbt)	verdarb	ist/hat verdorben	*gâter, pourrir*
verfallen (verfällt)	verfiel	ist verfallen	*tomber en ruines*
vergehen	verging	ist vergangen	*passer (le temps)*
vergessen (vergißt)	vergaß	hat vergessen	*oublier*
vergleichen (mit)	verglich	hat verglichen	*comparer*
verlassen (verläßt)	verließ	hat verlassen	*quitter*
verlieren	verlor	hat verloren	*perdre*
vermeiden	vermied	hat vermieden	*éviter*
verschieben	verschob	hat verschoben	*reporter, repousser*
verschlafen (verschläft)	verschlief	hat verschlafen	*se réveiller trop tard*
verschlingen	verschlang	hat verschlungen	*engloutir*

Infinitif (Présent)	Prétérit	Parfait	Sens*
verschwinden	verschwand	ist verschwunden	*disparaître*
versprechen (verspricht)	versprach	hat versprochen	*promettre*
verstehen	verstand	hat verstanden	*comprendre*
vertreten (vertritt)	vertrat	hat vertreten	*représenter*
verzeihen	verzieh	hat verziehen	*pardonner*
vorkommen	kam ... vor	ist vorgekommen	*se produire, arriver*
vorlesen (liest ... vor)	las ... vor	hat vorgelesen	*lire à haute voix*
vorschlagen (schlägt ... vor)	schlug ... vor	hat vorgeschlagen	*proposer*
vorschreiben	schrieb ... vor	hat vorgeschrieben	*prescrire*
wachsen (wächst)	wuchs	ist gewachsen	*grandir, pousser*
waschen (wäscht)	wusch	hat gewaschen	*laver*
wegwerfen (wirft ... weg)	warf ... weg	hat weggeworfen	*jeter*
weichen	wich	ist gewichen	*céder, reculer*
weisen	wies	hat gewiesen	*indiquer*
sich wenden an	wandte sich	hat sich gewandt	*s'adresser à*
werben (wirbt)	warb	hat geworben	*recruter, briguer*
werden (wird)	wurde	ist geworden	*devenir*
werfen (wirft)	warf	hat geworfen	*lancer*
widersprechen (widerspricht)	widersprach sich	hat widersprochen	*contredire*
wiedererkennen	erkannte ... wieder	hat wiedererkannt	*reconnaître*
wiedergeben (gibt ... wieder)	gab ... wieder	hat wiedergegeben	*rendre*
wiegen	wog	hat gewogen	*peser*
winden	wand	hat gewunden	*tordre*
wissen (weiß)	wußte	hat gewußt	*savoir*
wollen (will)	wollte	hat gewollt/hat wollen	*vouloir*
zerreißen	zerriß	hat zerrissen	*déchirer*
ziehen	zog	hat gezogen	*tirer*
		ist gezogen	*partir*
zulassen (läßt ... zu)	ließ ... zu	hat zugelassen	*autoriser, admettre*
zunehmen (nimmt ... zu)	nahm ... zu	hat zugenommen	*augmenter, grossir*
sich zurückziehen	zog sich zurück	hat sich zurückgezogen	*se retirer*
zusehen (sieht ... zu)	sah ... zu	hat zugesehen	*regarder*
sich zuwenden	wandte sich ... zu	hat sich zugewandt	*se tourner vers, s'adresser à*
zwingen	zwang	hat gezwungen	*forcer*

* *Dans la colonne des verbes français correspondants n'ont été retenus que les sens les plus courants.*

LE GROUPE NOMINAL

en français	**en allemand**

Le nom est le noyau du GN.

Il impose son genre *(masc./fém.)* et son nombre *(sing./plur.)* aux déterminants qui l'accompagnent.	Il impose son genre *(masc./fém./neutre)* et son nombre aux déterminants qui l'accompagnent.
Différence en genre marquée par l'article défini : opposition entre	**Différence en genre** marquée par l'article défini : opposition entre
le / la	**der / die / das**
ou indéfini : opposition entre	ou indéfini : opposition entre
un / une **du / de la**	**ein / eine / ein**
Différence en nombre marquée par : l'opposition entre	**Différence en nombre** marquée par : l'opposition entre
le / **la** — **les**	**der** / **die** / **das** — **die**
l'opposition entre	l'opposition entre
un / **une** — **des**	**ein** / **eine** / **ein** — **aucun déterminant**

Marque du genre à la fois orale et graphique

le marchand - la marchand**e**	der Verkäufer - die Verkäufer**in**
Marque du nombre non perceptible à l'oreille sauf pour certains pluriels en **-aux.**	**Marque du nombre perceptible à l'oreille** sauf pour les noms en **-er, -en,** etc.

Pour marquer les fonctions du GN dans la phrase,

le français dispose du système de marquage suivant : **Sujet et objet :** marque non perceptible, ni à l'oreille, ni graphiquement, les fonction sont seulement indiquées par l'ordre des mots :	l'allemand dispose d'un système de marquage qui consiste à changer la terminaison du déterminatif selon la fonction du nom dans la phrase :

La voiture arrive	**Der** Wagen kommt.
Je vois **la** voiture.	Ich sehe **den** Wagen.
	Den Wagen sehe ich (,aber nicht das Fahrrad).
Autre complément : système de prépositions :	
La voiture **de** mon père...	Der Wagen **meines** Vaters...
La voiture appartient **à** mon père.	Der Wagen gehört **meinem** Vater.

22. *La déclinaison du groupe nominal*

Selon la fonction qu'il occupe dans la phrase, le groupe nominal prend en allemand, des formes différentes. C'est le déterminatif, premier élément du groupe nominal, qui est porteur des marques des cas : il indique, par ses terminaisons, le genre, le nombre et la fonction du groupe nominal.
Quelquefois, on ajoute également une terminaison au substantif.
L'allemand possède quatre cas :

- **le nominatif :** cas du **sujet** et de l'**attribut,**
- **l'accusatif :** cas du **complément d'objet direct,** également employé après un certain nombre de **prépositions** et **quelques verbes,**
- **le datif :** cas du **complément d'objet indirect,** employé après **certaines prépositions** et **certains verbes** qui ont un complément au datif non prépositionnel (cf p. 79),
- **le génitif :** cas du **complément du nom,** également employé après **quelques préposition** et **quelques verbes** (cf. p. 81).

Déclinaison du nom précédé de l'article défini

	masculin	**féminin**	**neutre**
au singulier			
nominatif	**der** Vater	**die** Frau	**das** Kind
accusatif	**den** Vater	**die** Frau	**das** Kind
datif	**dem** Vater	**der** Frau	**dem** Kind
génitif	**des** Vaters	**der** Frau	**des** Kindes
au pluriel			
nominatif	**die** Väter	**die** Frauen	**die** Kinder
accusatif	**die** Väter	**die** Frauen	**die** Kinder
datif	**den** Vätern	**den** Frauen	**den** Kindern
génitif	**der** Väter	**der** Frauen	**der** Kinder

L'**article indéfini** est , au singulier, **ein, eine, ein,** pas d'article au pluriel. Les terminaisons sont celles de l'article défini sauf au nominatif masculin **(ein Vater)** et aux nominatif et accusatif neutres **(ein Kind).** Pluriel : **Väter, Frauen, Kinder.**

Au singulier, seuls les génitifs masculin et neutre ont une terminaison particulière **-es, -s.**
Les noms masculins et neutres terminés par **-s, -ß,** et **-z** prennent toujours **-es au génitif singulier :**

der Kurs, des Kurs**es,** *le cours de la monnaie*
der Fuß, des Fuß**es,** *le pied*
der Satz, des Satz**es,** *la phrase*
das Gesetz, des Gesetz**es,** *la loi*
der Schluß, des Schluss**es,** *la conclusion*

de même que tous les noms monosyllabiques :

de**r** Freund, de**s** Freund**es**
de**r** Mann, de**s** Mann**es**
da**s** Kind, de**s** Kind**es**

Les noms masculins et neutres terminés par ***-is*** **doublent le *s* au génitif :**

das Ergebni**s,** des Ergebni**sses**

ainsi que le nom :

de**r** Bu**s**, des Bu**sses**

Au pluriel, les substantifs au datif portent une marque particulière : **-n,** sauf si la forme du pluriel est déjà en -(e)n.

23. *Les déterminatifs*

Les déterminatifs, premiers éléments du groupe nominal, peuvent être regroupés en deux catégories :

1. Déterminatifs relevant du **groupe der, die, das.**
2. Déterminatifs relevant du **groupe ein, eine, ein.**

1. Déterminatifs relevant du groupe *der* :

Ils prennent toujours les marques suivantes, selon la fonction occupée dans la phrase :

fonction	cas	masculin	féminin	neutre	pluriel
sujet attribut	nominatif	**-r** der / dieser / jener	**-e** die / diese / jene	**-s** das / dieses / jenes	**-e** die / diese / alle
c.o.d	accusatif	**-n** den / diesen / jenen	**-e** die / diese / jene	**-s** das / dieses / jenes	**-e** die / diese / alle
c.o.i.	datif	**-m** dem / diesem / jenem	**-r** der / dieser / jener	**-m** dem / diesem / jenem	**-n** den / diesen / allen
complément du nom	génitif	**-s** des / dieses / jenes	**-r** der / dieser / jener	**-s** des / dieses / jenes	**-r** der / dieser / aller

Appartiennent à ce groupe :

- les démonstratifs **dieser, jener, solcher ;**
- les indéfinis **jeder, mancher** (au singulier) ;
- les indéfinis **viele, mehrere, wenige, alle, einige** (au pluriel);
- l'interrogatif **welcher** ;
- L'interrogatif **wer** prend ces mêmes marques sauf au génitif : **wessen** (voir p. 90) ;
- Le relatif **der** prend ces mêmes marques sauf au génitif : **dessen** (masculin et neutre), **deren** (féminin et pluriel), et au datif pluriel : **denen** (voir p. 89).

2. Déterminatifs relevant du groupe *ein* :

Ils prennent, selon la fonction occupée dans la phrase, les marques suivantes :

fonction	cas	masculin	féminin	neutre	pluriel
sujet ou **attribut**	nominatif	□ ein □ □ sein □	**-e** eine seine	□ ein □ sein □	– **-e** seine
c.o.d	accusatif	**-n** einen seinen	**-e** eine seine	□ ein □ sein □	– **-e** seine
c.o.i.	datif	**-m** einem seinem	**-r** einer seiner	**-m** einem seinem	– **-n** seinen
complément du nom	génitif	**-s** eines seines	**-r** einer seiner	eines **-s** seines	– **-r** seiner

Appartiennent à ce groupe :

- l'article indéfini négatif **kein,**
- les adjectifs possessifs **mein, dein, sein, ihr, unser, euer, ihr, Ihr.**

Au pluriel, ces déterminatifs suivent le modèle **die** du pluriel du groupe **der, die, das.**

24. *Les adjectifs déterminatifs*

Les différents adjectifs déterminatifs sont :

1. Les adjectifs possessifs :

masculin	féminin	neutre	pluriel
mein	meine	mein	meine
dein	deine	dein	deine
sein	seine	sein	seine
ihr	ihre	ihr	ihre
unser	unsere	unser	unsere
euer	eure	euer	eure
ihr	ihre	ihr	ihre
Ihr	Ihre	Ihr	Ihre

Les adjectifs possessifs prennent **au singulier les mêmes marques de cas que l'article indéfini** ***ein*** (voir tableau p. 62). **Au pluriel,** il prennent **les même marques de cas que l'article défini pluriel** ***die*** (voir tableau p. 61).

Ursula und ihr**e** Schwester gehen im Park spazieren. *Ursula et sa sœur se promènent dans le parc.*
Mein Onkel Günter reist durch die ganze Welt. *Mon oncle Günter voyage dans le monde entier.*
Kinder ! Habt ihr eur**e** Sachen mitgenommen ? *Les enfants, avez-vous pris vos affaires ?*
Herr Meier und sein**e** Frau sind in Urlaub. *Monsieur Meier et sa femme sont en congé.*
Frau Meier und ihr**e** Enkelin gehen spazieren. *Madame Meier et sa petit fille vont se promener.*

Attention !

A la 3e personne du singulier on emploie :

- l'adjectif possessif **sein** quand le posseseur est masculin (ou neutre) :
  Herr Meier und **seine** Frau *(sa femme à lui, Monsieur Meier).*
- l'adjectif possessif **ihr** quand le posseseur est féminin :
  Frau Meier und **ihre** Enkelin *(sa petite-fille à elle, Madame Meier).*

2. Les adjectifs démonstratifs :

- **dieser - diese - dieses,** pluriel : **diese** *(ce... ci)*
- **jener - jene - jenes,** pluriel : **jene** *(ce... là)*
- **solcher - solche - solches,** pluriel : **solche** *(un tel)*
  Dieses Kind ist krank. *Cet enfant est malade.*
  Ich habe solche Angst ! *J'ai tellement peur !*

3. L'adjectif interrogatif :

- **Welcher ? - Welche ? - Welches ?** Pluriel : **Welche ?**
  Welches Wetter haben wir denn heute ? *Quel temps fait-il aujourd'hui ?*

ainsi que la locution :

- **Was für ein ? - Was für eine ? - Was für ein ?** Pas de pluriel.
  Was für einen Wagen wollen Sie kaufen ? *Quel genre de voiture voulez-vous acheter ?*

4. Les adjectifs indéfinis ou déterminatifs de quantité.

• **viele :** *beaucoup*
Viele Jugendliche sind zur Zeit arbeitslos. *Beaucoup de jeunes sont actuellement au chômage.*

• **mehrere :** *plusieurs*
Die deutschen Familien besitzen oft mehrere Fernsehapparate. *Les familles allemandes possèdent souvent plusieurs postes de télévision.*

• **einige :** *quelques*
Jetzt hören Sie einige Nachrichten. *Voici maintenant quelques informations.*

• **wenige :** *peu de*
Wenige Studenten bringen ihr Studium zum Abschluß. *Peu d'étudiants terminent leurs études.*

• **alle :** *tous les*
Alle Schüler freuen sich auf die Ferien. *Tous les élèves se réjouissent des vacances.*

• **jeder, jede, jedes** (pas de pluriel) : *chaque*
Jeder Autofahrer sollte vorsichtig fahren. *Chaque automobiliste devrait conduire avec prudence.*

• **manche :** *plus d'un, nombre de*
Manche Leute haben keinen Platz finden können. *Nombre de gens n'ont pu trouver de place.*

Attention :
alle Länder, *tous les pays ;*
das ganze Land, *tout le pays, le pays entier.*

Groupe nominaux sans déterminatif

1. Groupe indéfini au pluriel :
Ich habe Freunde. *J'ai des amis.*

2. Partitif (*du* ou *de la* en français) :
Ich trinke Wein. *Je bois du vin.*
Ich kaufe Milch. *J'achète du lait.*

3. Indéfini que l'on ne peut quantifier :
Er hat Durst. *Il a soif.*
Ich habe Angst. *J'ai peur.*

Tous ces groupes nominaux sans déterminatif, **lorsqu'il sont niés, comportent l'article négatif *kein* :**
Ich habe **keine** Freunde, ich trinke **keinen** Wein, ich kaufe **keine** Milch, er hat **keinen** Durst, er hat **keine** Angst. *Je n'ai pas d'amis, je ne bois pas de vin, je n'achète pas de lait, il n'a pas soif, il n'a pas peur.*

Emploi de l'article défini

On **emploie l'article défini** en allemand, contrairement au français avec :

- **l'apposition**

  Bonn, **die** Hauptstadt Deutschlands. *Bonn, capitale de l'Allemagne.*

- devant les noms de **mois** ou de **saisons :**

  im August, *en août ;*
  im Sommer, *en été.*

- dans les **expressions** telles que :

  mit **dem** Wagen, *en voiture ;*
  in **der** Stadt, *en ville ;*
  es ist **die** Rede von, *il est question de.*

En allemand, on n'emploie **pas d'article :**

- devant les **noms de fête :**

  Weihnachten *(Noël)*, Pfingsten *(la Pentecôte)*, Allerheiligen *(la Toussaint).*

- devant les **noms neutres de pays :**

  Deutschland, Frankreich.

- après **alle :**

  alle Kinder, *tous les enfants.*

- devant **folgend :**

  Es ist folgendes (1) passiert. *Il s'est passé la chose suivante.*

- dans les **expressions de temps :**

  nächste Woche, *la semaine prochaine.*

- dans certaines **expressions au pluriel :**

  zwei Drittel der Schüler, *les deux tiers des élèves.*
  Wir spielen Karten. *Nous jouons aux cartes.*

- après **dessen** et **deren :**

  Der Mann, dessen Hut schwarz ist,... *L'homme dont le chapeau est noir...*

- après **Herr** et **Frau** suivi d'un **titre :**

  Herr Graf, *Monsieur le comte.*

On n'emploie **pas** non plus **d'article :**

- devant le **génitif saxon :**

  Peters Onkel, *l'oncle de Pierre.*

1. On dit également : Es ist das Folgende passiert .

25. *Les masculins faibles*

Un certain nombre de noms masculins prennent à tous les cas, sauf au nominatif singulier, la terminaison **-n** ou **-en.** On les appelle masculins faibles. Les masculins faibles les plus couramment employés sont : **der Junge, der Herr, der Mensch.**

cas	singulier	pluriel
nominatif	der Junge	die Junge**n**
accusatif	de**n** Junge**n**	die Junge**n**
datif	de**m** Junge**n**	de**n** Junge**n**
génitif	de**s** Junge**n**	de**r** Junge**n**

• Les noms masculins se terminant par **-e** et désignant des êtres vivants sont tous faibles : **der Junge, der Geselle** *(le compagnon).*

• D'autres noms masculins faibles souvent employés sont : **der Bauer, der Pilot, der Soldat, der Kommandant, der Fotograf, der Assistent, der Elefant, der Journalist, der Student, der Tourist,** etc.

• Certains noms masculins ont une déclinaison faible et prennent **en outre, au génitif un -s :**

nominatif	de**r**	Name
accusatif	de**n**	Name**n**
datif	de**m**	Name**n**
génitif	de**s**	Name**ns**

Appartiennent à cette catégorie des noms comme : **der Gedanke, der Glaube, der Wille, der Friede.**

• Signalons également la déclinaison du nom neutre **das Herz :**

nominatif / **accusatif**	das	Herz
datif	dem	Herz**en**
génitif	des	Herz**ens**

26. *Le genre des noms*

Comment déterminer le genre des noms en allemand ?

Il n'existe aucune règle fixe permettant de savoir si un substantif est masculin, féminin ou neutre. Le plus sûr moyen est de retenir le genre des mots au fur et à mesure qu'on les apprend. On peut toutefois donner quelques indications.

Sont masculins :

- la plupart des noms terminés par **-en :**

  der Wagen, der Kuchen, der Boden, der Laden ;
- les noms des **jours,** des **mois,** des **saisons :**

  der Montag, der Januar, der Frühling, der Sommer, der Herbst, der Winter ;
- les noms des **points cardinaux :**

  der Norden, der Süden, der Osten, der Westen.

Sont féminins :

- tous les noms allemands terminés par les suffixes **-ei, -in, -heit, -keit, -schaft** et **-ung :**

  die Metzgerei, die Freundin, die Schönheit, die Dankbarkeit, die Freundschaft, die Hoffnung ;
- les noms d'**arbres :**

  die Birke, *le bouleau ;* die Eiche, *le chêne ;*
  die Tanne, *le sapin ;* die Buche, *le hêtre ;*
- les substantifs terminés par **-enz, -ion, -tät, -ie, -ik :**

  die Konkurrenz, die Inflation, die Realität, die Industrie, die Musik ;
- les noms de **bateaux, d'avions :**

  die Concorde, die Norway.

Sont neutres :

- les **diminutifs :**

  das Mädchen, das Fräulein ;
- les **verbes substantivés :**

  das Essen, das Leben, das Fernsehen ;
- les substantifs terminés par : **-ment** et **-um :**

  das Argument - das Gymnasium.

Remarque :

Certains mots allemands ont un sens différent selon le genre.
Par exemple :

der Band :	*le volume*	das Band :	*le ruban*
der Heide :	*le païen*	die Heide :	*la lande*
der Leiter :	*le guide, le directeur*	die Leiter :	*l'échelle*
die Mark :	*le mark*	das Mark :	*la mœlle*
der See :	*le lac*	die See :	*la mer*
der Tor :	*le fou*	das Tor :	*la porte*
der Hut :	*le chapeau*	die Hut :	*la garde*
der Junge :	*le garçon*	das Junge :	*le petit (animal)*
der Kunde :	*le client*	die Kunde :	*la nouvelle*
der Schild :	*le bouclier*	das Schild :	*l'enseigne*
die Steuer :	*l'impôt*	das Steuer :	*le gouvernail*
der Verdienst :	*le gain*	das Verdienst :	*le mérite*

Genres hésitants : der (das) Liter, der (das) Meter, *mais :* der Zentimeter, der Kilometer.

Notez aussi : der (das) Bonbon, der (die, das) Dschungel *(la jungle)* ; der Kaffee *(la boisson),* das Café *(l'établissement).*

27. *La déclinaison des noms propres*

• Les noms de personnes

En allemand, les noms de personnes ne prennent en général pas d'article. Mais dans le langage parlé, on dit fréquemment :

Wo bleibt denn **der** Peter ? *Où est donc Pierre ?*
Die Claudia kommt heute abend. *Claudia vient ce soir.*
Der Theo hat ja viel Mut. *Theo a beaucoup de courage.*

• Le génitif saxon

Pour marquer l'appartenance, on peut utiliser, avec les noms propres, « le génitif saxon ». Le nom propre porte la marque **-s** et se place en première position, remplaçant l'article ou l'adjectif possessif :

Ursula**s** Mantel *le manteau d'Ursula*	Rolf**s** Kamera *la caméra de Rolf*	Udo**s** Fahrrad *la bicyclette de Udo*
Ralf Meyer**s** Mantel *Le manteau de Ralf Meyer*	Frau Schmidt**s** Kamera *la caméra de Madame Schmidt*	Herr**n** Wolf**s** Fahrrad *la bicyclette de Monsieur Wolf*

Le génitif saxon est souvent remplacé par **von + datif :**

der Wagen **von** Herr**n** Mayer.

Les **noms géographiques** portent également au génitif masculin et neutre la marque **-s :**

die Länder Europa**s**, *les pays d'Europe ;*
die Landstraßen Frankreich**s**, *les routes nationales françaises.*

Là encore, on emploie fréquemment la tournure **von + datif :**

der Bürgermeister **von** Stuttgart, *le maire de Stuttgart ;*
die Hauptstadt **von** Spanien, *la capitale de l'Espagne.*

28. *Les noms propres géographiques*

La majorité des noms de pays en allemand sont du **neutre,** sauf : die Schweiz *(la Suisse)*, die Tschechoslowakei *(la Tchécoslovaquie)*, die Türkei *(la Turquie).*

Employés seuls ou avec **ganz** et **halb,** les noms neutres ne prennent pas d'article :

On dit :

Wir fahren durch ganz Frankreich. *Nous sillonnons toute la France.*
Wir fahren nach Italien. *Nous allons en Italie.*

mais :

Wir fahren in die Schweiz. *Nous allons en Suisse.*

Certains noms de pays sont au pluriel :
die USA, die Vereinigten Staaten, die Niederlande *(les Pays-Bas).*

Noms de nationalité

Beaucoup de noms de nationalité se forment à partir du nom de pays auquel on ajoute **-er** ou **¨er.**

England : der Engländ**er**
Italien : der Italien**er**
Spanien : der Spani**er.**

Un certain nombre cependant sont terminés par **-e.** Ils appartiennent à la catégorie des masculins faibles (cf. p. 66) :

der Franzos**e** - der Russ**e.**

Les **adjectifs** sont souvent terminés par **-isch :**

engl**isch** - französ**isch** - italien**isch** - span**isch** - schweizer**isch,**

mais : **deutsch.**

29. *Le pluriel des noms*

• En règle générale, **les noms masculins** forment leur pluriel en ajoutant **-e** :

der Beruf : **die** Beruf**e.**

Mais certains noms masculins forment leur pluriel en ajoutant **¨e :**

der Stuhl : **die** St**ü**hl**e ;**

d'autres ont un pluriel en **¨er :**

der Mann : **die** M**ä**nn**er ;**

d'autres encore en **-(e)n :**

der Nachbar : **die** Nachbar**n.**

Un certain nombre ne prennent que l'inflexion :

der Garten : **die** G**ä**rten et d'autres sont invariables :
der Wagen : die Wagen.

• **Les noms féminins** forment leur pluriel en **-en** ou **-n** :

die Frau : **die** Frau**en.**

Mais certains féminins forment leur pluriel en **¨e :**

die Hand - **die** H**ä**nd**e** ou simplement avec l'inflexion :
die Tochter : **die** T**ö**chter.

• **Les noms neutres** forment leur pluriel en ajoutant **-e** ou **¨er :**

das Brot : **die** Brot**e**
das Buch : **die** B**ü**ch**er.**

Certains sont invariables :

das Fenster, **die** Fenster.

Les noms d'origine étrangère forment souvent leur pluriel en **-s.**

das Auto : die Auto**s** - das Kino : die Kino**s** - die Kamera : die Kamera**s** - das Büro : die Büro**s** - das Foto - die Foto**s.**

Par ailleurs, lorsque l'on veut désigner tous les membres d'une même famille *(les Schmitt)* on ajoute en allemand un **-s** au nom de la famille : **Schmitts.**

Schmitts kommen morgen vorbei. *Les Schmitt passeront demain.*

Les noms terminés par *-mann* ont un pluriel particulier :

der Fachmann : die Fachl**eute**
der Seemann : die Seel**eute,** mais
der Staatsmann : die Staats**männer.**

Remarquez aussi :

das Einkommen : die **Einkünfte.** *Le revenu, les revenus.*
der Stock : die Stock**werke.** *L'étage, les étages.*

Remarques :
Certains noms allemands n'ont pas de pluriel. D'autres n'existent qu'au pluriel :
N'ont pas de pluriel :
- der Kaffee, der Tee, das Eis ;
- les substantifs indiquant un collectif : das Publikum, *le public ;* das Gepäck, *les bagages ;* die Polizei, *la police ;* das Gebirge, *les montagnes (le massif) ;* das Obst, *les fruits ;* das Gemüse, *les légumes ;*
- des mots courants tels que : das Wetter, der Durst, der Hunger, der Verkehr.

N'existent qu'au pluriel :
die Eltern, *les parents (père et mère) ;* die Leute, *les gens.*

Au pluriel les noms, sauf ceux qui forment leur pluriel en **-s,** prennent **au datif la marque -(e)n.**

Comme pour le genre des mots, il convient, lorsqu'on apprend un mot allemand, d'apprendre en même temps la forme du pluriel.

30. *Fonction du groupe nominal*

Nous avons vu qu'en allemand le groupe nominal porte des marques différentes selon les fonctions qu'il occupe, dans la phrase. Ce sont les marques des cas : nominatif, accusatif, datif, génitif.

Chacune de ces marques nous renseigne sur le genre, le nombre et la fonction du groupe.

Emploi des différents cas :

1. Le nominatif :

Le nominatif exprime la fonction de :
- sujet :

Der Motor läuft. *Le moteur tourne.*
Es kommen viele Leute. *Beaucoup de gens viennent.*

Dans cette dernière phrase **viele Leute** est le sujet réel, **es** le sujet apparent.

• **attribut du sujet,** avec les verbes **sein, bleiben, werden, scheinen :**

Ist das **der** Lehrer ? Dieter bleibt **der** Beste in Mathe. *Est-ce le maître ? Dieter est toujours le meilleur en maths.*

• **apostrophe :**

Lieber Freund ! : *Cher ami !* Du **armes** Kind ! *Pauvre enfant !*
Liebe Freunde ! *Chers amis !*

2. L'accusatif :

a. Sans préposition.

L'accusatif non précédé d'une prépostion exprime la fonction de :

• **COD :**

Ich hole **meinen** Mantel. *Je vais chercher mon manteau.*

• **complément indiquant l'âge :**

Das Baby ist **einen** Monat alt. *Le bébé a un mois.*

ou **la mesure :**

Die Mauer ist **einen** Meter hoch. *Le mur a un mètre de haut.*

• **certains compléments de temps :**

- durée :

Mein Onkel bleibt **einen** Monat in Japan. *Mon oncle reste un mois au Japon.*

- date :

Mittwoch, **den** 10. April. *Mercredi, le 10 avril.*

- répétition :

Jeden Morgen trinke ich Kaffee. *Tous les matins, je bois du café* (Voir *Le génitif,* p. 82.)

• **complément de certains verbes qui ne sont pas suivis d'un COD en français comme :**

brauchen : Ich brauche **einen** neuen Wagen. *J'ai besoin d'une nouvelle voiture.*
sprechen : Ich möchte **Ihren** Chef sprechen. *Je voudrais parler à votre chef, etc.* (voir Rection des verbes, p. 80) ;

Es gibt, équivalent du français *il y a* est également suivi d'un accusatif :

Es gibt nur **einen** Tisch in diesem Zimmer. *Il n'y a qu'une table dans cette pièce.*
Gibt es **einen** Bäcker hier in der Nähe ? *Y a-t-il un boulanger près d'ici ?*

b. Avec préposition.

On emploie l'accusatif :

• après les prépositions **durch, für, gegen, ohne, um, wider :**

Die Touristen spazieren duch den Park. *Les touristes se promènent dans le parc.*

Das Geschenk ist für **dich**. *Le cadeau est pour toi.*

• Après les prépositions **in, an, auf, über, unter, neben, zwischen, hinter, vor**, lorsque le groupe prépositionnel exprime une direction :

Geh an **die** Tafel. *Va au tableau.*

Wir fahren übers Wochenende **aufs** Land. *Pendant le week-end nous allons à la campagne.*

• après les **verbes qui imposent un complément prépositionnel à l'accusatif :**

Wir **warten auf dich**. *Nous t'attendons.*

Ich **denke** oft **an deine** Mutter. *Je pense souvent à ta mère.*

3. Le datif :

a. Sans préposition.

Le datif est utilisé pour exprimer la fonction de :

• **complément d'attribution.** On le trouve devant le COD après des verbes comme : **schenken**, *offrir* ; **bringen**, *apporter* ; **geben**, *donner* ; **zeigen**, *montrer* ; **schreiben**, *écrire* ; **senden**, *envoyer* ; **verkaufen**, *vendre* ; **wünschen**, *souhaiter* ; **erzählen**, *raconter* ; **befehlen**, *ordonner*, etc.

On le trouve après le COD si les deux compléments sont prononinalisés :

Ich schenke **es ihr.** *Je le lui offre.* (Voir Les pronoms, p. 87).

• **complément de certains verbes dont le complément en français est un COD** comme **begegnen,** *rencontrer :* **danken,** *remercier :* **helfen,** *aider :*

Ich danke **dir**. *Je te remercie.*

Voir Rection des verbes, p. 79.

• **complément de certains adjectifs :**

ähnlich *(semblable) :*

Er sieht **mir** ähnlich. *Il me ressemble.*

angenehm *(agréable) :*

Es ist **ihm** angenehm. *Cela lui est agréable.*

dankbar *(reconnaissant) :*

Ich bin **dir** sehr dankbar dafür. *Je t'en suis très reconnaissant.*

gleich *(égal, semblable) :*

Es ist **mir** gleich. *Cela m'est égal.*

schwer *(difficile) :*

Es fällt **mir** schwer, meine Meinung zu äußern. *Il m'est difficile d'exprimer mon opinion.*

treu *(fidèle) :*

Er bleibt **mir** treu. *Il me reste fidèle.*

b. Avec préposition.

On emploie le datif :

• **après** les prépositions **aus, außer, bei, dank, mit, nach, seit, von, zu :**

Außer dir kenne ich niemanden hier. *Je ne connais personne ici sauf toi.*

Ich gehe **mit** mein**er** Schwester nach Hause. *Je rentre avec ma sœur à la maison.*

• **avant** les prépostions **entgegen, gegenüber, gemäß, zufolge, nach :**

Alle**n** Erwartungen **entgegen**, ist er doch gekommen. *Contre toute attente il est tout de même venu.*

Er ist **mir entgegen**gekommen. *Il est venu à ma rencontre.*

Bei der Tagung saß er **mir gegenüber**. *Au congrès il était assis en face de moi.*

dem Grundgesetz **gemäß**, *conformément à la constitution ;* **dem** Befehl **zufolge**, *suivant l'ordre.*

Meiner Meinung **nach** solltest du nicht hinfahren. *Selon moi tu ne devrais pas y aller.*

• **avec des prépositions doubles telles que :**

von ... aus :

Von dem Kirchturm **aus** hat man einen sehr schönen Blick. *Du clocher de l'église on a une très jolie vue.*

an ... entlang :

am Fluß **entlang**..., *le long du fleuve.*

an ... vorbei :

Wenn Sie geradeaus gehen, kommen Sie **an der** Bank **vorbei**. *Si vous continuez tout droit, vous allez passer devant la banque.*

• **après** les prépositions **in, an, auf, über, von, hinter, neben, zwischen,** lorsque le groupe prépositionnel a **un sens locatif :**

Hinter dem Haus steht ein Baum. *Derrière la maison il y a un arbre.*

• après les **verbes qui imposent un complément prépositionnel au datif** (voir Rection des verbes, p. 79) :

Er **rächt sich an** sein**er** Schwester. *Il se venge sur sa sœur.*

4. Le génitif

a. Sans préposition.

Le génitif s'emploie pour :

• **le complément du nom :**

Der Sohn unser**es** Nachbar**n**, *le fils de notre voisin.*

• **le complément de temps indéterminé :** ein**es** Tage**s**, *un jour* ; morgen**s**, *le matin* ; abend**s**, *le soir.*

• **le complément de certains verbes qui imposent un complément au génitif :** sich bedienen, *se servir de :*

sich **einer** Sache bedienen, se servir de quelque chose (cf. Rection des verbes, p. 79)

• **le complément des adjectifs suivants :**

bewußt *(conscient) :*

Ich bin mir **dessen** wohl bewußt. *J'en suis parfaitement conscient.*

sicher *(sûr) :*

Er ist immer **seiner** Sache sicher. *Il est toujours sûr de son affaire.*

müde *(fatigué) :*

Ich bin **seiner** Reden müde. *Je suis las de ces discours.*

würdig *(digne) :*

Es ist **meines** Interesses nicht würdig. *Ce n'est pas digne de mon intérêt.*

wert :

Das ist nicht **der Erwähnung** wert. *Cela ne vaut pas la peine d'être mentionné.*

b. Avec préposition.

On emploie le génitif **après :**

diesseits *(de ce côté-ci) :*

diesseits **der** Elbe, *de ce côté-ci de l'Elbe.*

jenseits *(de l'autre côté) :*

jenseits **der** Atlantikküste, *de l'autre côté de la côte atlantique.*

längs *(le long du) :*

längs **des** Kanals, *le long du canal.*

statt *(au lieu de) :*

statt **dessen**, *au lieu de cela* ; statt **meiner**, *à ma place.*

trotz *(malgré) :*

trotz **des** schlechten Wetters, *malgré le mauvais temps.*

während *(pendant) :*

während **der** Ferien, *pendant les vacances.*

wegen *(à cause de) :*

Wegen **einer** Autopanne ist er zu spät weggefahren. *A cause d'une panne de voiture, il est parti trop tard.*

angesichts *(en face de, en vue de) :*

angesichts **der** Zukunft, *en vue de l'avenir.*

anläßlich *(à l'occasion de) :*

anläßlich **des** Jubiläums, *à l'occasion du jubilée.*

inmitten *(au milieu de) :*

inmitten **des** Gartens, *au milieu du jardin.*

mangels *(faute de).*

mittels *(au moyen de).*

um... willen *(pour l'amour de) :*

Um Gottes willen ! *Pour l'amour de Dieu !*

31. *Le groupe nominal prépositionnel de lieu*

Nous venons de voir que certaines prépositions, en allemand, imposent le cas :

Ainsi, les prépositions : **aus, bei, mit, nach, seit, von, zu, außer, dank,** sont toujours suivies du datif.

Les prépositions **durch, für, gegen, ohne, um**, sont, elles, toujours suivies de **l'accusatif.**

Les prépositions **während, trotz, wegen, jenseits, diesseits, längs, statt, angesichts, anläßlich, inmitten, außerhalb, innerhalb, mangels, mittels,** sont toujours suivies du génitif.

Par contre, *les neuf prépositions qui servent à localiser les personnes ou les objets dans l'espace :* **an, auf, in, hinter, neben, über, unter, zwischen, vor** peuvent être suivies :

• **soit de l'accusatif** si le verbe avec lequel elles sont combinées indique une direction, un déplacement dans l'espace.

Ce sont essentiellement les verbes :

- gehen, fahren, fliegen…

- stellen, setzen, legen, hängen.

Ich **gehe aufs** Land. *Je vais à la campagne.*
Ich **gehe in die** Küche. *Je vais à la cuisine.*
Ich **gehe in den** Keller. *Je vais à la cave.*
Ich **stelle** das Glas **auf den** Tisch. *Je pose le verre sur la table.*
Er **setzt sich auf einen** Stuhl. *Il s'assied sur une chaise.*
Er **hängt** seinen Mantel **an den** Haken. *Il accroche son manteau (à la patère).*
Der Hund **legt sich auf den** Sessel. *Le chien se couche sur le fauteuil.*

• **soit du datif,** si le verbe avec lequel elles sont combinées indique un séjour dans un lieu. Ce sont essentiellement les verbes :

- sein, bleiben, wohnen…

- stehen, sitzen, liegen, hängen.

Ich **wohne auf dem** Land. *J'habite à la campagne.*
Ich **bin in der** Küche. *Je suis dans la cuisine.*
Ich **bleibe im** Keller. *Je reste dans la cave.*
Das Glas **steht auf dem** Tisch. *Le verre se trouve sur la table.*
Er **sitzt auf einem** Stuhl. *Il est assis sur une chaise.*
Der **Mantel hängt am** Haken. *Le manteau est accroché (à la patère).*
Der Hund **liegt auf dem** Sessel. *Le chien est couché sur le fauteuil.*

On utilise également, pour indiquer le séjour ou la direction les prépositions **bei, nach, zu (qui sont toujours suivies du datif).**

L'utilisation de ces prépostions pose souvent des problèmes aux Français car dans la langue française on utilise la même préposition, que l'on veuille indiquer le lieu où l'on est ou le lieu où l'on va :

Exemple :

Je **vais chez** des amis. Je **reste** deux jours **chez** eux.
En allemand, on dira :
Ich **gehe zu** Freunden. Ich **bleibe** zwei Tage **bei** ihnen.

Remarquez aussi :

Ich **gehe nach** Hause. Ich **bin zu** Hause. Je **rentre à la maison.** Je **suis à la maison.**

De même, en français, le complément prépositionnel « sur la table » ne change pas, que ce soit une localisation ou un mouvement.

Exemple :

Je **mets** le vase **sur** la table. Le vase **est sur** la table.
En allemand, on dira :
Ich **stelle** die Vase **auf den** Tisch. Die Vase **steht auf dem** Tisch.

Il faut donc bien distinguer :

1) les **verbes impliquant un mouvement,** un déplacement se construisant avec les prépositions **in, auf, an,** etc., suivies de **l'accusatif ;**

2) les **verbes impliquant un séjour** se construisant avec les prépositions **in, an, auf,** etc., suivies du **datif ;**

3) les **verbes impliquant un mouvement** et se construisant avec les prépositions **nach, zu** suivies du **datif :**

Ich **fahre nach** Deutschland. Ich **gehe zu meinen** Freunden.

La **provenance** est exprimée en allemand par un groupe prépositionnel introduit par **aus** ou **von** :

Er **stammt aus** Jugoslawien. *Il est originaire de Yougoslavie.*
Er **kommt von** Berlin. *Il arrive de Berlin.*
Er **kommt aus** Berlin. *Il est originaire de Berlin.*

Le **passage** est exprimé par un groupe prépositionnel introduit par **durch** ou **über :**

Wir sind **durch** ganz Frankreich gefahren.
Nous avons traversé toute la France.
Ich fahre **über** Köln nach Hannover.
Je vais à Hanovre en passant par Cologne.

LE GROUPE NOMINAL PRÉPOSITIONNEL DE LIEU
TABLEAU RÉCAPITULATIF

LIEU OÙ L'ON VA	LIEU OÙ L'ON EST	LIEU D'OÙ L'ON VIENT
Verbes employés : gehen, fahren, fliegen stellen, legen, setzen, hängen, etc. *Interrogatif correspondant :* **WOHIN ?**	*Verbes employés :* sein, bleiben, wohnen, arbeiten stehen, liegen, sitzen, hängen, etc. *Interrogatif correspondant :* **WO ?**	*Verbes employés :* kommen, stammen nehmen, fallen, etc. *Interrogatif correspondant :* **WOHER ?**
• **Aller chez quelqu'un** Ich gehe **zu** meine**r** Tante.	• **Etre chez quelqu'un** Ich bin **bei** meine**r** Tante.	• **Venir de chez quelqu'un** Ich komme **von** meine**r** Tante.
• **Aller quelque part** Ich gehe **zum** Bahnhof. Ich gehe **zur** Schule. Ich gehe **aufs** Land. Ich gehe **auf den** Markt.	• **Etre quelque part** Ich bin **im (am)** Bahnhof. Ich bin **in der** Schule. Ich bin **auf dem** Land. Ich bin **auf dem** Markt.	• **Venir de quelque part** Ich komme **vom** Bahnhof. Ich komme **aus der** Schule. Ich komme **vom** Land. Ich komme **vom** Markt.
• **Aller à la maison** Ich gehe **nach Hause**.	• **Etre à la maison** Ich bin **zu Hause.**	• **Venir de la maison** Ich komme **von zu Hause.**
• **Aller dans un pays, une ville** Ich fahre **nach** Italien. Ich fahre **in die** Schweiz.	• **Vivre dans un pays, habiter dans une ville** Ich wohne **in** Italien. Ich wohne **in der** Schweiz.	• **Venir d'un pays, d'une ville** Ich stamme **aus** Italien. Ich komme **aus der** Schweiz.
• **Mettre, poser, suspendre quelque chose** Ich **stelle** die Lampe **auf den** Tisch. Ich **lege** das Buch **auf den** Tisch. Ich **hänge** den Mantel **an den** Haken.	• **Etre posé, mis, suspendu** Die Lampe **steht** **auf dem** Tisch. Das Buch **liegt** **auf dem** Tisch. Der Mantel **hängt** **am** Haken.	• **Enlever de, décrocher de** **Ich nehme** die Lampe **vom** Tisch. **Ich nehme** das Buch **vom** Tisch. **Ich nehme** den Mantel **vom** Haken **weg.**

32. *Le groupe nominal prépositionnel de temps*

1. Compléments répondant à la question *Wann* ? *(Quand ?)* et exprimant un moment précis.

Ils se construisent avec les prépositions suivantes :

• **an** suivi du **datif** :

am Morgen, **am** Sonntag, **am** zehnten Oktober, **am** selben Tag, **am** folgenden Tag, an **diesem** Tag, an **einem** Sonntagmorgen ;

• **in** suivi du **datif :**

In 14 Tage**n** (dans 15 jours), **im** Oktober, **im** Winter, **im** Jahre 1970, **im** 20. Jahrhundert, in **der** Nacht von Samstag auf Sonntag (dans la nuit de samedi à dimanche), **im** selben Augenblick ;

• **um** suivi de l'**accusatif :**

um vier Uhr, um Mitternacht, um **diese** Zeit ;

• **zu** suivi du **datif :**

zu Weihnachten, zu Ostern, **zum** ersten Mal, **zur** gleichen Zeit ;

• **vor** suivi du **datif :**

vor **dem** Abendessen, vor ein paar Tage**n** *(il y a quelques jours),* vor drei Stunden, vor einigen Jahre**n** *(il y a quelques années).*

2. Compléments répondant à la question Wie lange ? *(Combien de temps ?)* et exprimant la durée.

Ils se construisent avec les prépositions suivantes :

• **seit** suivi du **datif** :

seit drei Monate**n**, seit einige**r** Zeit ;

• **bis** suivi de **l'accusatif :**

bis nächste**n** Samstag, bis 7 Uhr, bis morgen, bis heute abend, bis nächst**e** Weihnachten ;

• **bis zu** suivi du **datif :**

bis **zum** Abend, bis **zum** letzten Augenblick, vom 1. bis **zum** 15. Dezember.

TOURNURES IDIOMATIQUES

heute morgen :	*ce matin*	nächtelang :	*des nuits entières*
heute nacht :	*cette nuit*	jahrelang :	*des années entières*
heute in acht Tagen	*aujourd'hui en huit*	einen Monat lang :	*pendant un mois*
heutzutage :	*de nos jours*	schon lange :	*depuis longtemps*
morgen früh :	*demain matin*	Tag für Tag :	*jour après jour*
morgen mittag :	*demain midi*	tagsüber :	*durant la journée*
morgen abend :	*demain soir*	einen Tag vorher :	*un jour avant*
vorige Woche :	*la semaine dernière*	am Tag darauf / am folgenden Tag } :	*le lendemain*
vorigen Sonntag :	*dimanche dernier*	von Zeit zu Zeit :	*de temps en temps*
vor zwei Jahren :	*il y a deux ans*	von morgens bis abends :	*du matin au soir*
vor kurzem :	*il y a peu de temps*	von Jahr zu Jahr :	*d'année en année*
vor Christi Geburt :	*avant Jésus-Christ*	von früh bis spät :	*du matin au soir*
nächsten Sonntag :	*dimanche prochain*	von nun an / von jetzt an } :	*à partir de maintenant*
nächstes Jahr :	*l'an prochain*		
nächste Woche :	*la semaine prochaine*		
stundenlang :	*des heures entières*		

33. *Autres compléments prépositionnels*

• **Compléments répondant à la question Warum ? - Woran ? - Weswegen ?** (exprimant la cause) et introduits par :

aus : aus Mitleid, *par pitié ;* aus Protest, *par contestation ;* aus Angst, *par peur.*

an : an Krebs sterben, *mourir d'un cancer.*

vor : vor Kälte, *de froid.*

wegen : wegen des Krieges, *à cause de la guerre.*

• **Compléments répondant à la question Wozu ? - Wonach ?** (exprimant le but) et introduits par :

zu : zur Intensivierung der Beziehungen, *pour intensifier les relations.*

nach : nach Bedarf, *selon la demande.*

• **Compléments répondant à la question Wodurch ? - Womit ?** (exprimant le moyen) et introduits par :

durch : durch Lautsprecher, *par haut-parleur.*

mit : mit Luftpost, *par avion.*

per : per Anhalter, *en auto-stop.*

• **Compléments répondant à la question Wie ?** (exprimant la manière) et introduits par :

auf : auf diese Weise, *de cette manière.*

in : in Eile, *à la hâte ;* im Chor, *en chœur.*

mit : mit Erfolg, *avec succès* ; mit Schwung, **avec énergie.**

zu : zu Fuß, *à pied.*

QUELQUES TOURNURES IDIOMATIQUES

ans Meer fahren, am Meer sein :	*aller, être à la mer*
auf der Fahrt nach Italien sein :	*être en route vers l'Italie*
auf Urlaub sein :	*être en vacances*
auf Besuch sein, zu Besuch sein bei :	*être en visite chez...*
aus diesem Grund :	*pour cette raison*
in Richtung Mannheim fahren :	*rouler en direction de Mannheim*
mit dem Zug fahren :	*aller en train*
über die Autobahn fahren :	*passer par l'autoroute*
bei dieser Gelegenheit :	*à cette occasion*
zum Beispiel :	*par exemple*

34. *La rection des verbes*

1. Verbes se construisant avec un complément au datif*

angehören	*appartenir*	Er hat lange dieser Partei angehört.
ausweichen	*éviter*	Ich bin **dem** Radfahrer ausgewichen.
begegnen	*rencontrer*	Ich bin **ihm** zufällig begegnet.
beistehen	*assister, aider*	Damals stand er **mir** in der Not bei.
beitreten	*adhérer*	Willst du nicht unserem Verein beitreten ?
danken	*remercier*	Ich danke **Dir** für deinen Brief.
dienen	*être au service de (servir)*	Dienen alle Beamten **dem** Staat ?
drohen	*menacer*	Er droht **mir** ständig.
entgegengehen (-fahren, -kommen, - laufen)	*aller, courir, venir au devant de*	Das Kind läuft **der** Mutter entgegen.
entsprechen	*correspondre*	Dies entspricht meinen Vorstellungen.
folgen	*suivre*	Der Hund ist **mir** im ganzen Haus gefolgt.
gefallen	*plaire*	Dieser Rock gefällt mir.
gehören	*appartenir*	Gehört dir dieses Buch ?
gelingen	*réussir*	Es ist **mir** nicht gelungen.
gelten	*concerner (quelqu'un)*	Gilt diese Bemerkung **mir ?**
gestatten	*permettre*	Gestatten Sie mir, daß ich Ihnen Herrn Pelz vorstelle.
glauben	*croire (quelqu'un)*	Er will (es) **mir** nicht glauben.
gratulieren	*féliciter quelqu'un, lui souhaiter bonne fête*	Ich gratuliere **dir** zum Geburtstag.
helfen	*aider*	Hilf **ihm** doch bitte !
leid tun	*regretter*	Es tut mir leid.
	faire pitié à	Dieser Kranke tut mir leid.
nachlaufen	*suivre, courir après*	Der Hund ist **mir** nachgelaufen.
sich nähern	*s'approcher de*	Wir nähern uns **dem** Dorf.
nutzen	*profiter à*	Das nutzt nur der Opposition.
passen	*plaire, convenir, être à la taille*	Dieser Vorschlag paßt mir. Dieses Kleid paßt mir.
schaden	*nuire à*	Rauchen schadet der Gesundheit.
schmecken	*avoir du goût, trouver bon* (+ datif de la personne)	Wie schmeckt **Ihnen** das Essen hier ?
schmeicheln	*flatter*	Er schmeichelt **ihm**.
vertrauen	*avoir confiance en*	Ich vertraue **ihm**.
vorlesen	*lire à haute voix*	Lesen Sie mir bitte das Stück vor !
widersprechen	*contredire*	Die Schüler widersprechen **dem** Lehrer.
zuhören	*écouter*	Wir hören **ihm** zu.
zuvorkommen	*devancer*	Er ist **mir** zuvorgekommen.

2. Verbes se construisant avec un complément à l'accusatif

auslachen	*se moquer de*	Er lacht **mich** ständig aus.
brauchen	*avoir besoin de*	Ich brauche **Benzin**.

*** Les verbes dont la rection est différente de celle de l'équivalent français ont été imprimés en gras.**

entbehren	*se passer de*	Du kannst **dies** entbehren.
fragen	*questionner quelqu'un, demander quelque chose à quelqu'un*	Frag **ihn** doch !
genießen	*jouir de*	Wir genießen **die** Ruhe und **die** frische Luft.
kosten	*coûter à quequ'un*	Es kostet **mich** viel Zeit.
lehren	*enseigner, apprendre à*	Er lehrt **die** Schüler Geschichte.
loswerden	*se débarrasser de*	Ich kann **den** Schnupfen nicht loswerden.
meinen	*vouloir dire*	**Den** Lehrer meine ich.
mißbrauchen	abuser	Er hat **seine** Macht mißbraucht.
sprechen	*parler à quelqu'un*	Ich möchte **Sie** sprechen.
überleben	*survivre à*	Er hat **den** Unfall überlebt.
überlegen	*réfléchir à*	Überlege **es** dir in aller Ruhe !
vermissen	*regretter l'absence de*	Ich vermisse **meinen** Freund.
wechseln	*changer de*	Er wechselt ständig **den** Beruf.

Remarque :

• Il y a aussi de nombreux verbes à préfixe **be-** (ou **er-** ou **ver-**) se construisant avec un complément à l'accusatif qui existent à côté de verbes simples se construisant avec un verbe à complément prépositionnel :

beantworten	*répondre à quelque chose*	Du hast **meinen** Brief nicht beantwortet.
cf. **antworten auf**		Du hast nicht **auf meinen Brief** geantwortet.

Ainsi existent côte à côte : **besprechen** et **sprechen über,**
erwarten et **warten auf,**
versorgen et **sorgen für,** etc.

3. Verbes se construisant avec un complément au génitif

sich bedienen	*se servir de*	Ich bediene mich **einer** Schreibmaschine.
sich rühmen	*se vanter de*	Er rühmt sich **seines** Wissens.
gedenken	*se souvenir de*	Gedenket **seiner !**
bedürfen	*avoir besoin de*	Zur Heilung bedarf er **einer** Kur.

4. Verbes suivis d'un complément prépositionnel

an + datif

arbeiten an	*travailler à*	Vati arbeitet an seinem Projekt
sich beteiligen an	*prendre part à*	Ich werde mich an der Demonstration beteiligen.
erkennen an	*reconnaître quelqu'un à*	Ich erkenne ihn an seinem Haarschopf.
fehlen an	*manquer de*	Es fehlt hier an Platz.
greifen an	*s'emparer de*	Sie wollen an den Waffen greifen.
hängen an	*tenir à*	Sie hängt an ihm.
leiden an	*souffrir de*	Er leidet an Krebs, an einer schrecklichen Krankheit.
mitwirken an	*participer à*	Wir haben an dem Erfolg mitgewirkt.
sich rächen an	*se venger de*	Er rächt sich an mir.

sterben an	*mourir de*	Er ist an einem Herzinfarkt gestorben.
teilnehmen an	*participer à*	Ich will an dem Kongreß teilnehmen.
zweifeln an	*douter de*	Ich zweifle an deinem Mut.

an + accusatif

denken an	*penser à*	Denk an mich !
sich erinnern an	*se souvenir de*	Erinnerst du dich an ihn ?
sich gewöhnen an	*s'habituer*	Er gewöhnt sich nicht an die Küche hier.
schreiben an	*écrire à*	Ich schreibe an die Firma X.
verraten an	*livrer à*	Er wurde an die Polizei verraten.
sich wenden an	*s'adresser à*	Wenden Sie sich direkt an ihn !

auf + datif

beruhen auf	*reposer sur, tenir à*	Das beruht ja auf einer Unsinnigkeit.

auf + accusatif

achten auf	*faire attention à*	Achten Sie auf Ihre Gesundheit !
ankommen auf	*dépendre de,*	Es kommt auf das Wetter an.
anspielen auf	*faire allusion à*	Er spielt auf meinen Artikel an.
aufmerksam machen auf	*attirer l'attention sur*	Er macht uns auf diese Bestimmung aufmerksam.
sich auswirken auf	*avoir des répercussions sur*	Das wirkt sich auf die Nerven aus.
sich berufen auf	s'appuyer sur	Der Jurist beruft sich auf das Gesetz.
sich beschränken auf	se borner à	Ich beschränke mich auf dieses Gebiet.
sich besinnen auf	se souvenir de	Besinnen Sie sich auf unsere Absprache.
sich beziehen auf	se référer à	Meine Schriften beziehen sich auf die Philosophie.
eingehen auf	aborder	Ich kann jetzt nicht auf dieses Thema eingehen.
sich einigen auf	convenir de	Wir haben uns auf diesen Termin geeinigt.
sich einstellen auf	s'adapter	Hast du dich auf deine neue Stelle eingestellt ?
sich freuen auf (voir **über**)	*se réjouir de*	Er freut sich auf die Ferien.
hinweisen auf	*faire remarquer, signaler*	Ich möchte auf die letzten Bestimmungen hinweisen.
hoffen auf	*espérer*	Wir hoffen alle auf bessere Zeiten.
schätzen auf	*être estimé à*	Diese alte Kommode ist auf 20 000 DM geschätzt worden.
stoßen auf	*se heurter à*	Er stieß immer auf dieselben Schwierigkeiten.
sich stützen auf	*s'appuyer sur*	Der Minister stützt sich auf die Rede des Bundeskanzlers.
sich verlassen auf	*se fier à*	Du kannst dich auf ihn verlassen.
sich verlegen auf	*se spécialiser dans*	Sie haben sich auf diese Produktion verlegt.
sich verstehen auf	s'y entendre en	Auf Pferde versteht er sich wohl.
warten auf	*attendre*	Wartet bitte auf mich !
zählen auf	*compter sur*	Wir zählen alle auf dich.
zurückkommen auf	*revenir sur*	Ich möchte auf einen Punkt kurz zurückkommen.

aus (toujours + datif)

bestehen aus	*se composer de*	Die Familie besteht aus fünf Kindern.
schließen aus	*déduire de*	Ich schließe aus diesem Brief, daß...
stammen aus	*être originaire de*	Er stammt aus Norwegen.
werden aus	*advenir de*	Was wird aus ihm werden ?

für (toujours + accusatif)

sich bedanken für	*remercier de*	Wir bedanken uns für den Abend.
danken für	*remercier de*	Ich danke dir für das Paket.
sich eignen für	*être apte à*	Dieses Gerät eignet sich für unsere Arbeit.
sich entscheiden für	*se décider en faveur de*	Er entscheidet sich für deinen Vorschlag.
gelten für	*s'appliquer à*	Diese Bestimmungen gelten für ganz Europa.
halten für	*considérer comme*	Er hält sich für vernünftig.
sich interessieren für	*s'intéresser à*	Er interessiert sich sehr für Sport.
kandidieren für	*être candidat à*	Er kandidiert für den Bundestag.
sorgen für	*pourvoir à, se charger de*	Er sorgt für das Waisenkind.

gegen (toujours + accusatif)

sich richten gegen	*s'opposer aux intérêts de*	Dieser Antrag richtet sich gegen die Unternehmer.

in + datif

sich täuschen in	*se tromper sur le compte de*	Ich hatte mich in meinem Freund getäuscht.

in + accusatif

geraten in	*entrer en, tomber dans*	Er geriet in Wut.
sich verlieben in	*s'éprendre de*	Sie hat sich in ihn verliebt.

mit (toujours + datif)

anfangen mit	*commencer par*	Fangen wir mit dem Essen an !
aufhören mit	*cesser de*	Hört mit dem Lärm auf !
aushelfen mit	*dépanner quelqu'un*	Helfen Sie mir mit 10 DM aus !
ausrüsten mit } **ausstatten mit**	*équiper de*	Unser Wohnwagen ist mit allem Komfort ausgerüstet.
beenden mit	*terminer par*	Er hat sofort die Diskussion mit einem heftigen Wortwechsel beendet.
sich befassen mit	*s'occuper de*	Ich befasse mich heute nur mit diesem Problem.
beginnen mit	*commencer par*	Wollen Sie mit diesem Text beginnen ?

sich begnügen mit	*se contenter de*	Er begnügt sich mit einem Einzelzimmer.
begründen mit	*justifier par*	Er begründet die Preiserhöhung mit den gestiegenen Kosten.
decken mit	*couvrir de*	Ich möchte das Dach mit Ziegeln decken.
enden mit	*s'achever par*	Das Konzert endet mit einer Sonate von Haydn.
rechnen mit	*s'attendre à*	Die Bergleute rechnen mit der Stillegung des Bergwerks.
füllen mit	*remplir de*	Die Flasche ist mit Schnaps gefüllt.
umgehen mit	*manier*	Geh mit diesem alten Buch sorgfältig um !
sich verabreden mit	*prendre rendez-vous avec quelqu'un*	Hat er sich mit dir verabredet ?
verbinden mit	*mettre en liaison avec*	Ich verbinde Sie mit Herrn Schmidt.
vergleichen mit	*comparer avec*	Das kann man schlecht mit deiner Situation vergleichen.
sich verstehen mit	*s'entendre avec*	Ich verstehe mich gut mir dir.

nach (toujours + datif)

duften nach	*sentir*	Es duftet nach Jasmin.
fragen nach	*demander*	Frag mal nach dem Preis !
sich richten nach	*se conformer à*	Ich richte mich nach ihren Wünschen.
schmecken nach	*avoir le goût de*	Es schmeckt nach Fisch.
sich sehnen nach	*avoir la nostalgie de*	Er sehnt sich nach seiner Heimat.
streben nach	*aspirer à*	Die Arbeiter streben nach mehr Gerechtigkeit.
suchen nach	*rechercher*	Ich suche nach dem Täter.

über + accusatif

sich ärgern über **sich aufregen über** }	*s'énerver à cause de*	Ärgere dich doch nicht über mich !
sich äußern über	*se prononcer sur*	Er hat sich über deinen Bericht geäußert.
sich amüsieren über	*s'amuser sur le compte de*	Er amüsiert sich über mich.
sich beklagen über	*se plaindre de*	Er beklagt sich über seine Arbeitsbedingungen.
berichten über	*commenter*	Der Journalist berichtet über die letzten Ereignisse.
sich freuen über	*commenter*	Der Journalist berichtet über die letzten Ereignisse.
sich freuen über	*se réjouir de*	Freust du dich über diese Kleinigkeit ?
denken über	*penser de*	Was denken Sie über diesen Vortrag ?
diskutieren über	*discuter de*	Wir wollen über das letzte Kapitel des Buches diskutieren.
erschrecken über	*s'effrayer de*	Er erschrickt über diese schreckliche Nachricht !
sich informieren über	*s'informer de*	Die Ärzte sollen sich über die neuen Medikamente informieren.
klagen über	*se plaindre de*	Er klagt über seine Nachbarn.

lachen über	*rire de*	Er lacht über mich.
nachdenken über	*réfléchir sur*	Denk doch über das Problem nach !
spotten über	*se moquer de*	Er spottet über sein Verhalten.
herrschen über	*dominer, régner sur*	Der Fürst herrschte über sein Land.
sprechen über (voir **von**)	*traiter de*	Er spricht über ein interessantes Thema.
streiten über	*discuter de*	Sie streiten über Politik.
sich täuschen über	*se tromper sur*	Ich habe mich über die Bedeutung seiner Rede getäuscht.
sich unterhalten über	*s'entretenir de*	Er unterhält sich mit mir über die neue Organisation unserer Arbeit.
verfügen über	*disposer*	Er verfügt über ein riesiges Vermögen.
wachen über	*veiller sur*	Er wacht über deine Gesundheit.
weinen über	*pleurer sur*	Sie weint über den Verlust ihres Sohnes.
wissen über	*savoir*	Was weißt du über Ludwig den Zweiten ?
sich wundern über	*s'étonner de*	Ich wundere mich über deine Energie.

um (toujours + accusatif)

sich bemühen um	*se donner de la peine pour*	Er bemüht sich um diese Sache.
beneiden um	*envier quelque chose quelqu'un*	Er beneidet ihn um seinen Mut.
sich bewerben um	*poser sa candidature*	Ich habe mich um diese Stelle beworben.
bitten um	*demander*	Darf ich Sie um Auskunft bitten ?
fragen um		Darf ich mal um Rat fragen !
sich handeln um	*s'agir de*	Es handelt sich um ein schwieriges Problem.
kämpfen um	*lutter pour*	Er kämpft um seine Freiheit.
sich kümmern um	*s'occuper de*	Das Mädchen kümmert sich um das Baby.
weinen um	*pleurer quelqu'un*	Sie weint um Ihren Sohn.

von (toujours + datif)

abbringen	*faire changer d'avis*	Ich kann ihn nicht von seiner Meinung abbringen.
abhängen von	*dépendre de*	Das hängt von ihm ab.
erwarten von	*attendre de*	Was erwartest du von ihm ?
erzählen von	*parler de*	Er erzählt immer viel von seinem Aufenthalt in Japan.
profitieren von	*tirer profit de*	Er hat von seiner Reise viel profitiert.
reden von	*parler de*	Wir reden von ihm.
träumen von	*rêver de*	Er träumt von der Schiffahrt.
wissen von	*savoir de*	Er weiß nichts von unserem Plan.
sprechen von	*parler de*	Wir sprechen von unseren letzten Ferien in Italien.
stammen von	*venir de*	Diese Kommode stammt von meinen Eltern.

vor (toujours + datif)

Angst haben vor	*avoir peur de*	Das Kind hat Angst vor dem Hund.
erschrecken vor	*s'effrayer de*	Warum erschrickst du so vor einer Schlange ?

fliehen vor	*fuir*	Er flieht vor der Gefahr.
sich fürchten vor	*craindre*	Er fürchtet sich nicht vor dem Tod.
sich schützen vor	*se protéger de*	Ich schütze mich vor der Sonne.
warnen vor	*mettre en garde*	Er hat mich vor dieser Gefahr nicht gewarnt.
weinen vor	*pleurer de*	Sie weint vor Freude.

zu (toujours + datif)

auffordern zu	*appeler à*	Diese Musik fordert zum Tanz auf.
aufrufen zu	*appeler à*	Ich rufe Sie zur Demonstration auf.
beitragen zu	*contribuer à*	Diese Maßnahme trägt zur Reinhaltung der Umwelt bei.
benutzen zu	*utiliser pour*	Mais wird zur Ernährung der Hühner benutzt.
bewegen zu	*pousser à*	Was bewegt Sie zu solchen Leistungen ?
bringen zu	*mener à*	Er bringt es zum Abschluß.
drängen zu	*pousser à*	Sie drängt mich zur Entscheidung.
einladen zu	*inviter à*	Er hat uns zur Hochzeit eingeladen.
sich entwickeln	*se développer en*	Diese kleine Firma hat sich zu einem Großunternehmen entwickelt.
freigeben zu	*autoriser la publication, la sortie de (livre, film)*	Das Buch ist zur Veröffentlichung freigegeben worden.
gehören zu	*faire partie de*	Japan gehört zu den industrialisierten Ländern.
gelangen zu	*atteindre*	Um 9 Uhr gelangten wir zum Gipfel.
greifen zu	*avoir recours à*	Sie wollen zu den Waffen greifen.
machen zu	*faire de quelqu'un quelque chose*	Er machte ihn zum Gesellen.
neigen zu	*avoir tendance à*	Er neigt zu Übertreibungen.
passen zu	*aller bien*	Das paßt gut zu diesem Kleid.
übergehen zu	*passer à, adopter*	Wir wollen zum nächsten Kapitel übergehen.
veranlassen zu	*amener*	Was hat dich zu diesem Entschluß veranlaßt ?
verpflichten zu	*obliger à*	Er wird zum Berufsgeheimnis verpflichtet.
wählen zu	*élire*	Er wird zum Präsidenten gewählt.
zählen zu	*compter parmi*	Er zählt zu den besten Tennisspielern der Welt.
zwingen zu	*obliger à*	Die Zeit zwingt uns zum Abschied.

Remarque :

als n'est pas une préposition mais sert souvent à introduire un attribut du sujet ou un COD.

betrachten als	*considérer comme*	Ich betrachte seine Tat als sinnvoll.
bezeichnen als	*qualifier de*	Unsere Gesellschaft wird als Konsumgesellschaft bezeichnet.
dienen als	*servir de*	Der Keller dient als Fotolabor.
empfinden als	*considérer comme*	Er empfindet das als Zwang.
gelten als	*passer pour*	Er gilt als gebildeter Mensch.

35. *LES PRONOMS*

1. Le pronom personnel

	1er personne		2e personne			3e personne			
	sing.	*plur.*	*sing.*		*plur.*	*masc.*	*fém.*	*neutre*	*plur.*
nom.	ich	wir	du	Sie	ihr	er	sie	es	sie
acc.	mich	uns	dich	Sie	euch	ihn	sie	es	sie
dat.	mir	uns	dir	Ihnen	euch	ihm	ihr	ihm	ihnen
gen.*	meiner	unser	deiner	Ihrer	euer	seiner	ihrer	seiner	ihrer

* On ne trouve cette forme très rare qu'avec les verbes qui ont un complément d'objet au génitif (cf. p. 90), exemple : **Gedenket unser !** Souvenez-vous de nous !

Les pronoms personnels de la 1er et 2e personnes (familiers ou de politesse) **désignent les personnes qui parlent (ich, wir) et les personnes auxquelles on parle (du, ihr** pour le tutoiement, **Sie** pour le vouvoiement).
Le pronom personnel **Sie** est identique aux formes du pronom personnel pluriel de la 3e personne, mais porte toujours une majuscule.
Dans une lettre il est d'usage d'écrire **Du, Dir, Dein**… avec une majuscule.
Ils peuvent remplacer des groupes nominaux prépositionnels ou non. Ils portent les mêmes marques que les déterminatifs des groupes nominaux qu'ils remplacent :

masculin	féminin	neutre
nominatif singulier De**r** Vater kommt. E**r** kommt.	Di**e** Mutter kommt. Si**e** kommt.	Da**s** Kind kommt. E**s** kommt.
nominatif pluriel Di**e** Eltern kommen Si**e** kommen.		
accusatif singulier Ich höre de**n** Vater. Ich höre ih**n**.	Ich höre di**e** Mutti. Ich höre si**e**.	Ich höre das Kind. Ich höre es.
accusatif pluriel Ich höre di**e** Kinder. Ich höre si**e**.		
datif singulier Das Buch gehört de**m** Vater. Das Buch gehört ih**m**	Das Buch gehört de**r** Mutter. Das Buch gehört ih**r**.	Es gehört de**m** Kind. Es gehört ih**m**.
datif pluriel Das Buch gehört de**n** Kinder**n** Das Buch gehört ihne**n**		

Dans une phrase où les deux compléments sont des pronoms personnels, le pronom à l'accusatif précède le pronom au datif. On dit donc :

Ich gebe meine**m** Freund **ein** Buch.
Ich gebe **es ihm**.

Dans les groupes prépositionnels, le pronom personnel de la 3e personne peut remplacer un groupe nominal s'il sagit d'une personne :

Sie spricht mit ihrer Freundin.
mit ihr.

Lorsque le groupe nominal désigne une chose, la préposition se combine avec **da** pour former un **pronom adverbial :**

Er spielt mit Wasser und Sand.
damit.

Er denkt an die Ferien.
daran.

On trouve ainsi les pronoms adverbiaux : **dadurch, dafür, darum, dagegen, daraus, dabei, damit, davon, dazu, danach, etc.**

Les interrogatifs correspondants sont : **wodurch, wofür, worum, wogegen, woraus, wobei, womit, wovon, wozu, wonach, etc.**

Le pronom es :

- remplace un nom neutre :

Das Kind weint.
Es weint.

- s'emploie comme sujet des verbes impersonnels :

Es regnet, **es** schneit.

Voir aussi l'emploi du **es** impersonnel dans le passif impersonnel, page 44.

- s'emploie comme sujet apparent dans une phrase énonciative pour permettre au verbe conjugué d'être à sa place, en seconde position.

Es sind viele Leute hier. *Il y a beaucoup de monde ici.*

Si l'on place un autre élément dans la phrase en première position, ce **es** disparaît.

Heute sind viele Leute hier. *Il y a beaucoup de monde ici aujourd'hui.*

Tournures idiomatiques avec le pronom du :

Du Karl ! *Dis donc, Charles !*
Du Esel ! *Espèce d'âne !*
Du lieber Gott ! *Mon Dieu !*

2. Le pronom réfléchi

Le pronom réfléchi renvoie au sujet.

Ich kämme mich	Wir kämmen uns
Du kämmst dich	Ihr kämmt euch
Er kämmt sich	Sie kämmen sich

Les pronoms réfléchis ont les mêmes formes que les pronoms personnels ; sauf à la troisième personne du singulier et du pluriel (**sich**).

Er wäscht **sich**. Sie waschen **sich** die Hände.

3. Le pronom démonstratif

Dieser, diese, dieses (Pluriel : **diese**). *Celui-ci, celle-ci, ceux-ci, celles-ci.*
Jener, jene, jenes (Pluriel : **jene**). *Celui-là, celle-là ; ceux-là, celles-là*
Solcher, solche, solches (Pluriel : **solche**). *Tel, un tel, de tels, de telles.*
Derjenige, diejenige, dasjenige (Pluriel : **diejenigen**). *Celui, celle, ceux, celles.*

4. Le pronom possessif

Meiner, meine, meines (Pluriel : **meine**). *Le mien, la mienne ; les miens, les miennes.*

Deiner, deine, deines (Pluriel : **deine**). *Le tien, la tienne ; les tiens, les tiennes.*

Le pronom possessif se décline comme l'article défini **(der, die, das).**

5. Le pronom indéfini

Einer/keiner, eine/keine, eines/keines *(Un, une/aucun, aucune).*

Ces pronoms se déclinent comme le groupe **„der" et non comme ein.**

Einer kommt. **Keiner** meldet sich. Hast du ein Fahrrad ? Ich habe **eins** (contraction de **eines**).

Au pluriel, on emploie **welche.**

Ich suche frische Erbsen. Hätten Sie **welche ?**
Je cherche des petits pois frais. En auriez-vous ?

Etwas/nichts *(Quelque chose/rien).*

Möchten Sie **etwas** ? Nein, ich möchte **nichts**.
Voulez-vous quelque chose ? Non, je ne veux rien.

Jemand/niemand *(Quelqu'un/personne).*

Es ist **niemand** da. Will **jemand** noch ein Stück Kuchen ?
Il n'y a personne. Quelqu'un veut-il encore une part de gâteau ?

Alles *(Tout).*

Alles ist still.
Tout est calme.

Man *(On, vous).*

Hier darf **man** nicht parken.
On ne doit pas stationner ici.

6. Le pronom relatif

	masculin	féminin	neutre	pluriel
nominatif	der	die	das	die
accusatif	den	die	das	die
datif	dem	der	dem	**denen**
génitif	**dessen**	**deren**	**dessen**	**deren**

Fonction du pronom relatif

Pronom relatif **sujet : Der Mann, der** hier wohnt, heißt Kropp.

Pronom relatif **complément d'objet :** Der Mann, **den** ich sehe, heißt Kropp.

Pronom relatif **complément au datif :** Der Mann, **dem** ich begegne, heißt Kropp.

Pronom relatif **complément du nom :** Der Mann, **dessen** Name Kropp ist, wohnt hier.

Pronom relatif **complément prépositionnel** : Der Mann, mit **dem** ich arbeite, heißt Kropp.

Les pronoms **dessen** et **deren** sont suivis du nom sans article.

On dira donc :

Der Mann, mit **dessen** Bleistift ich schreibe, ist nicht da..
L'homme, avec le crayon duquel j'écris, n'est pas là.

mais si le pronom est suivi d'un adjectif, c'est celui-ci qui prend la marque :

Der Mann, mit **dessen** blaue**m** Bleistift ich schreibe, ist nicht da.
L'homme, avec le crayon bleu duquel j'écris, n'est pas là.

(Voir aussi *les différentes propositions*, p. 103)

7. Les pronoms interrogatifs

1. Wer - Was

On les utilise pour l'interrogation partielle, portant sur un seul élément de la phrase :

	Etre vivant **(masculin et féminin)**	Chose/Action **(neutre)**
nominatif	Wer ?	Was ?
accusatif	Wen ?	Was ?
datif	Wem ?	
génitif	Wessen ?	

Wer klingelt jetzt ? (Nominatif, sujet : *qui ?*)
Wen siehst du vor der Tür ? (Accusatif, COD : *qui ?*) *Qui vois-tu devant la porte ?*

Wem schreibst du ? (Datif : à *qui ?*)
Wessen Buch ist das ? (Génitif : de *qui ? à qui ?*) *A qui est le livre ?*
Was ist denn ? (Nominatif, sujet : *que, qu'est-ce qui ?*) *Qu'y a-t-il ?*
Was kaufst du noch ? (Accusatif, COD : *que, qu'est-ce que ?*) *Qu'achètes-tu ?*

***Wen* et *wem* se combinent avec des prépositions :**

Für wen ist der Brief ? *(Pour qui)*
Mit wem gehst du ins Kino ? *(Avec qui)*
Bei wem wohnst du ? *(Chez qui)*
Zu wem gehst du ? *(Chez qui)*

***Was* se combine aussi avec des prépositions :** mit was, um was…, mais on utilise plutôt la forme : **womit ? worum ? woraus ? wovon ? wozu ?**

Womit hast du das gemacht ? *(Avec quoi ?)*
Worum handelt es sich ? *(De quoi ?)*
Woraus ist dein Armband ? *(En quoi ?)*
Wovon haben wir geredet ? *(De quoi ?)*
Wozu machst du das ? *(Dans quel but ?)*

2. WELCHER (lequel)

Il se décline comme l'article dénini **der, die, das.**

masculin	féminin	neutre	pluriel
Welch**er**	Welch**e**	Welch**es**	Welch**e**

Hier sind zwei Röcke. **Welchen** willst du kaufen ? *Voici deux jupes. Laquelle veux-tu acheter ?*

Employé comme **attribut du verbe sein, welches** reste au neutre singulier, même lorsque le verbe est au plusiel.

Welches sind die Vorteile ? *Quels sont les avantages ?*

L'ADJECTIF

en français

L'adjectif **s'accorde** avec le nom auquel il se rapporte :

- **lorsqu'il est attribut :**
  La voiture est **chère.**
  Le pain est **cher.**
- **lorsqu'il est épithète :**

Dans ce cas il suit souvent le nom auquel il se rapporte :

L'automobiliste prudent respecte les limitations de vitesse.

Un automobiliste prudent respecte les limitations de vitesse.

en allemand

L'adjectif est **invariable :**

lorsqu'il est attribut :
Der Wagen ist **teuer.**
Das Brot ist **teuer.**

Lorsqu'il est épithète, il précède toujours le nom et porte **une marque qui varie.**

a) **selon la fonction du nom** dans la phrase ;

b) **selon** que **le déterminatif** qui le précède est :

- **der, die, das :**

Der vorsichtige Autofahrer achtet auf die Geschwindigkeitsbegrenzung.

- **ein, eine, ein :**

Ein vorsichtiger Autofahrer achtet auf die Geschwindigkeitsbegrenzung.

L'adjectif est invariable lorsqu'il est employé comme *adverbe.*
Les voitures vont *vite.* Die Autos fahren *schnell.*

36. *Déclinaison de l'adjectif épithète*

1. Adjectif non précédé d'un déterminatif

	masculin	féminin	neutre	pluriel
nominatif	gut**er** Käse	gut**e** Butter	gut**es** Fleisch	gut**e** Äpfel
accusatif	gut**en** Käse	gut**e** Butter	gut**es** Fleisch	gut**e** Äpfel
datif	gut**em** Käse	gut**er** Butter	gut**em** Fleisch	gut**en** Äpfeln
génitif	gut**en** Käses	gut**er** Butter	gut**en** Fleisches	gut**er** Äpfel

On retrouve, pour l'adjectif, les mêmes marques que pour le détermina-tif **der**, sauf aux génitifs masculin et neutre où la terminaison est **-n** au lieu de **-s**.

L'adjectif porte ces marques dans les cas suivants :

- **au partitif :**
  Ich kaufe gut**es** Fleisch.

- **après un numéral** : vier klein**e** Kinder.

- **après le génitif saxon :** Thomas, dessen best**er** Freund tödlich verletzt wurde, will nicht mehr Motorrad fahren.

- **après un pronom personnel au singulier :** Du dumm**er** Kerl !

- **après viel(e), wenig(e), manche, einige, mehrere, solche :** Einige alte Möbel sind zu verkaufen. Ich esse viel frisch**es** Obst.

- **après ein paar, genug :** Ich habe ein paar dick**e** Äpfel.

L'adjectif employé **seul après etwas, genug, nichts, viel, wenig** est consi-déré comme un adjectif substantivé, se décline au neutre et s'écrit avec une majuscule :

Hast du nichts **B**esser**es** zu tun ?
Ich möchte etwas **S**chön**es**.
Er spricht von nichts **B**esonder**em**.

2. Adjectif précédé d'un article défini (der, die, das)

C'est le déterminatif qui porte la marque du cas. L'adjectif prend la marque **-en** sauf au nominatif singulier des trois genres et à l'accusatif féminin et neutre, où il prend la marque **-e**.

	masculin	féminin	neutre	pluriel
nominatif	der gut**e** Käse	die gut**e** Butter	das gut**e** Fleisch	die gut**en** Äpfel
accusatif	den gut**en** Käse	die gut**e** Butter	das gut**e** Fleisch	die gut**en** Äpfel
datif	dem gut**en** Käse	der gut**en** Butter	dem gut**en** Fleisch	den gut**en** Äpfeln
génitif	des gut**en** Käses	der gut**en** Butter	des gut**en** Fleisches	der gut**en** Äpfel

On retrouve les mêmes marques **après dieser, jener, jeder, solcher, wel-cher** et, au pluriel, **après alle, beide, sämtliche.**

3. Adjectif précédé d'un article indéfini (ein, eine, ein)

	masculin	féminin	neutre	pluriel
nominatif	ein gut**er** Käse	eine gut**e** Butter	ein gut**es** Fleisch	gut**e** Äpfel
accusatif	einen gut**en** Käse	eine gut**e** Butter	ein gut**es** Fleisch	gut**e** Äpfel
datif	einem gut**en** Käse	einer gut**en** Butter	einem gut**en** Fleisch	gut**en** Äpfeln
génitif	eines gut**en** Käses	einer gut**en** Butter	eines gut**en** Fleisches	gut**er** Äpfel

Suivent ce modèle les adjectifs précédés de **kein** ou d'un **adjectif possessif** (mein, unser, etc.).

Résumé

1. L'adjectif précédé de l'article défini porte la marque **-en** sauf :
- aux trois nominatifs singuliers : **-e** ;
- aux accusatifs féminin et neutre : **-e**.

2. L'adjectif précédé de l'article indéfini porte la marque **-en** sauf :
- aux trois nominatifs singuliers : **-er, -e, -es ;**
- à l'accusatif féminin : **-e**, et à l'accusatif neutre : **-es**.

3. L'adjectif sans déterminatif porte les marques du déterminatif manquant sauf au génitif masculin et neutre singulier où il porte la marque **-en** : Anfang nächst**en** Jahres, *au début de l'année prochaine.*

Adjectifs numéraux

1. Les numéros ordinaux (der erste, der zweite, der dritte, etc.) se comportent comme des adjectifs et suivent les mêmes règles de déclinaison :

Wir lesen das dritte Kapitel. Es ist das erste Mal.

2. Les numéros cardinaux (eins, zwei, drei, etc.) sont invariables.

Participes I et II employés comme adjectifs

Il se comportent comme de simples adjectifs et suivent les mêmes règles de marquage :

das schlafend**e** Kind,
ein gebraten**es** Hähnchen,
die schreiend**en** Kinder.

Adjectifs dérivés d'un nom de lieu

Il prennent toujours une majuscule et la terminaison **-er**.

der Paris**er** Kurier, die Neue Zürch**er** Zeitung, das Münchn**er** Bier, die Brem**er** Musikanten.

Adjectifs substantivés

Ce sont des adjectifs ou des participes II employés comme nom. Ils suivent les mêmes règles de marquage que les adjectifs épithètes :

der Deutsch**e**, ein Deutsch**er**.
der Bekannt**e**, ein Bekannt**er**.

37. *Les degrés de comparaison de l'adjectif*

Le comparatif

Pour former le **comparatif d'égalité**, l'allemand utilise **so ... wie** *(aussi ... que) :*

Er ist **so** groß **wie** ich. *Il est aussi grand que moi.*

Pour former le **comparatif d'infériorité, nicht so ... wie** *(pas si ... que) :*

Er ist **nicht so** alt **wie** man glaubt. *Il n'est pas si vieux qu'on le croit.*

Pour former le **comparatif de supériorité,** on ajoute à l'adjectif la terminaison **-er** (plus beau = schön**er**). On traduit « que » par **als** :

Rom ist schön**er als** Paris. *Rome est une ville plus belle que Paris.*

Er ist größ**er als** ich. *Il est plus grand que moi.*

Le superlatif

Pour former le **superlatif**, on ajoute la terminaison **-ste** à l'adjectif.

On forme ainsi des superlatifs qui peuvent être :

- **épithète :**

  Das ist der teuer**ste** Wagen. *C'est la voiture la plus chère* (dans ce cas, il se décline comme un adjectif).

- **attribut** (précédé de **am**) :

  Im Juni sind die Tage **am** läng**sten**. *C'est en juin que les jours sont les plus longs.*

- **adverbe** (précédé de **am**) :

  Er fährt **am schnellsten**. *C'est lui qui va le plus vite.*

Certains adjectifs prennent l'inflexion aux comparatif et superlatif :

alt	älter	der älteste	*vieux*
jung	jünger	der jüngste	*jeune*
kalt	kälter	der kälteste	*froid*
warm	wärmer	der wärmste	*chaud*
dumm	dümmer	der dümmste	*bête*
klug	klüger	der klügste	*intelligent*
kurz	kürzer	der kürzeste	*court*
lang	länger	der längste	*long*
krank	kränker	der kränkste	*malade*
gesund	gesünder	der gesündste	*en bonne santé*
schwach	schwächer	der schwächste	*faible*
stark	stärker	der stärkste	*fort*
arm	ärmer	der ärmste	*pauvre*
hart	härter	der härteste	*dur*
scharf	schärfer	der schärfste	*tranchant*
schwarz	schwärzer	der schwärzeste	*noir*

Sont irréguliers :

gut	**besser**	**der beste**	**viel**	**mehr**	**am meisten**
hoch	**höher**	**der höchste**	**gern**	**lieber**	**am liebsten**
nah	**näher**	**der nächste**			

Les adjectifs dont le radical se termine par **-d, -t, -s, -z, -sch**, prennent un **-e-** intercalaire au superlatif.

breit : der breit**este**, *large* - hübsch : der hübsch**este**, *joli.*

Les adjectifs en **-el, -en, -er** perdent le **-e** inaccentué au comparatif :

teuer : teu**rer**, *cher* - dunkel : dun**kler**, *sombre.*

En allemand, le comparatif remplace le superlatif lorsque la comparaison ne porte que sur deux personnes ou deux choses :

die jüngere Schwester, *la plus jeune des deux sœurs.*
der größere Fuß, *le plus grand des deux pieds.*

Par ailleurs, le comparatif n'exprime pas toujours une comparaison. Il peut atténuer le sens de l'adjectif :

seit längerer Zeit, *depuis un certain temps.*
eine ältere Dame, *une dame d'un certain âge.*

Le comparatif peut encore exprimer l'idée de progression parallèle. On utilise alors :

je + comparatif…,	**desto** + comparatif	*plus…, plus…*
je mehr…,	**desto** mehr…	
je weniger…,	**desto** weniger… :	*moins…, moins…*
so + adjectif	**so** + adjectif :	*autant…, …*

Je eher, desto lieber. *Le plus tôt sera le mieux.*
Je länger, desto besser. *Plus cela dure, mieux cela vaut.*
Je weniger ich esse, desto weniger nehme ich zu. *Moins je mange moins je groissis.*

Le comparatif d'égalité, dans certaines locutions s'exprime au moyen de :

wie…,	**so**…	*tel…, tel…*

Wie der Vater, so der Sohn. *Tel père, tel fils.*

38. *Les nombres*

Les nombres cardinaux sont, en général, invariables.

De 0 à 12, les nombres sont :

0 null

1 eins	4 vier	7 sieben	10 zehn
2 zwei	5 fünf	8 acht	11 elf
3 drei	6 echs	9 neun	12 zwölf

de 13 à 19, on ajoute la dizaine à l'unité :

13 dreizehn	16 sechzehn	19 neunzehn
14 vierzehn	17 siebzehn	
15 fünfzehn	18 achtzehn	

Les **dizaines**, de 20 à 90 se forment sur l'unité + – **zig** : 40 vierzig…

Attention ! : 20 **zwan**zig 60 **sech**zig

30 drei**ß**ig 70 **sieb**zig

Les nombres entre les dizaines se forment à partir de l'unité + und + dizaine :

27 siebenundzwanzig - 73 dreiundsiebzig

100 hundert 154 hundertvierundfünfzig

1 000 tausend 1 084 tausendvierundachtzig

Les nombres ordinaux

De 1 à 19, les nombres ordinaux se forment en ajoutant la terminaison **-te** à l'unité, avec des irrégularités pour le premier et le troisième :

der **ers**te	der vierte	der siebte
der zweite	der fünfte	der achte
der **drit**te	der sechste	der neunte

Les fractions se forment à partir du nombre ordinal auquel on ajoute **-l** :

$\frac{1}{3}$ ein Drittel $\frac{1}{4}$ ein Vierte**l**.

Exceptions : $\frac{1}{2}$: **einhalb** $\frac{1}{2}$: **eineinhalb** ou **anderthalb.**

Les opérations

4 + 3 = 7	vier und drei **ist** sieben.
8 – 2 = 6	acht weniger zwei **ist** sechs.
3 X 7 = 21	drei mal sieben **ist** einundzwanzig.
8 : 2 = 4	acht geteilt durch zwei **ist** vier.
0,3	null komma drei.

Remarque :

Eins perd son **s** final lorsqu'il est suivi d'un nombre ou d'un substantif :

einundzwanzig
Es ist ein Uhr . *Il est une heure.*
einmal, *une fois*

La date s'écrit : Montag, den 15. Mai (den fünfzehnten Mai).

Pour indiquer **l'année**, on peut dire :

Im Jahre neunzehnhundertfünfundachtzig } En (l'an)
Neunzehnhundertfünfundachtzig } 1985.

In den sechziger Jahren. *Dans les années 60.*

L'ADVERBE

L'adverbe est invariable.

Il sert à élargir le groupe verbal :

sich **gut** benehmen
langsam fahren
laut sprechen

en complétant l'information contenue dans celui-ci :

• complément d'information portant sur le lieu : Kommen Sie bitte **herein**.

• complément d'information portant sur le temps : Kommen Sie **heute abend.**

• complément d'information sur la manière : Kommen Sie **ganz schnell.**

Il peut aussi modifier le sens de l'énoncé en ajoutant une nuance :

• nuance de probabilité : vielleicht, angeblich…

• nuance de certitude : bestimmt, sicher, gewiß…

• nuance affective : leider, hoffentlich, zum Glück…

(Voir aussi Nuances de l'énonciation, p. 12).

39. *Adverbes de lieu*

Les adverbes de lieu permettent de situer l'action **dans l'espace.**
On distingue :

• **les adverbes de localisation,** répondant à la question **wo ?**

• **les adverbes de destination,** répondant à la question **wohin ?**

• **les adverbes de provenance,** répondant à la question **woher ?**

Tableau des principaux adverbes de lieu

Adverbes de localisation	Adverbes de destination	Adverbes de provenance
hier *(ici)*	hierhin / hierher	von hier
da *(là)*	dahin / daher	von da,
dort *(là-bas)*	dorthin	von dort
draußen *(dehors)*	hinaus / heraus	von draußen
drinnen *(dedans)*	hinein / herein	von drinnen
oben *(en haut)*	hinauf / herauf	von oben
unten *(en bas)*	hinunter / herunter	von unten
drüben *(de l'autre côté)*	hinüber / herüber	von drüben
vorn *(devant)*	nach vorn	von vorn
hinten *(derière)*	nach hinten	von hinten
rechts / links *(à doite / à gauche)*	nach rechts / links	von rechts / links
auswärts *(à l'extérieur)*	nach außen	von außen
daheim / zu Hause *(chez soi)*	heim / nach Hause	von daheim / zu Hause
irgendwo *(quelque part)*	irgendwohin	von irgendwo / irgendwoher
nirgendwo, nirgends *(nulle part)*	nirgendwohin	von nirgendwo / nirgendwoher

40. *Adverbes de temps*

Ils permettent de situer l'action :

• **dans le passé :**

neulich, kürzlich : *récemment*
vor kurzem : *il y a peu de temps*
früher : *autrefois*
damals : *en ce temps-là*
gestern : *hier*
vorgestern : *avant-hier*

• **dans le présent :**

eben, soeben, gerade : *justement, à l'instant*
augenblicklich : *pour le moment*
jetzt, nun : *maintenant*
heute, heutzutage : *aujourd'hui*

• **dans le futur :**

bald :	*bientôt*
morgen, morgen früh :	*demain, demain matin*
übermorgen :	*après-demain*
demnächst, nächstens :	*prochainement*
künftig :	*à l'avenir*
später :	*plus tard*

• Ils permettent de **situer une action par rapport à une autre :**

zuerst :	*d'abord*
dann :	*ensuite*
nachher :	*après, tout à l'heure*
zuletzt, schließlich :	*à la fin*
bisher, bis jetzt :	*jusqu'à présent*
seither, seitdem :	*depuis*
von nun an :	*à partir de maintenant*

• Ils peuvent indiquer également **la fréquence d'une action ou en préciser le moment :**

nie :	*jamais*
selten :	*rarement*
manchmal :	*quelquefois*
oft :	*souvent*
öfters :	*assez souvent*
immer :	*toujours*
fast immer :	*presque toujours*
jedesmal :	*à chaque fois*
einmal	*une fois*
mehrmals :	*à plusieurs reprises*
täglich :	*chaque jour*
wöchentlich :	*chaque semaine*
monatlich :	*chaque mois*
jährlich :	*chaque année*
abends :	*le soir*
sonntags :	*le dimanche*
frühestens :	*au plus tôt*
spätestens :	*au plus tard*
pünktlich :	*à l'heure*
pünktlich um 8 Uhr :	*à 8 heures précices*
rechtzeitig :	*à temps*

• Ils peuvent encore en **préciser la durée :**

lange :	*longtemps*
nicht lange :	*pas longtemps*
zu lange :	*trop longtemps*
immer noch :	*toujours*

41. *Adverbes de modalité*

Les adverbes de modalité permettent au locuteur de moduler ou de nuancer l'énoncé.

1. Adverbes modulant l'énoncé en fonction de l'opinion du locuteur

• Adverbes qui soulignent **l'évidence de ce qui est énoncé :**

wirklich *(vraiment) :*

Ich kann **wirklich** nicht kommen.

tatsächlich *(réellement) :*

Ist diese Mathearbeit **tatsächlich** so schwer ?

in der Tat *(en réalité) :*

In der Tat ist es gar nicht so.

eigentlich *(à vrai dire) :*

Es ist **eigentlich** viel schwieriger.

natürlich, selbstverständlich *(naturellement) :*

Natürlich mache ich mit.

sichtlich, offenbar, offensichtlich *(manifestement, visiblement) :*

Er war **sichtlich** gekränkt.

anscheinend, **scheinbar** (apparemment) :

Er war **scheinbar** traurig.

allerdings, freilich, zwar, schon... aber *(certes) :*

Freilich war das nicht die beste Lösung, aber was tun !

sozusagen, gewissermaßen *(pour ainsi dire) :*

Ich bin **sozusagen** der Chef hier !

• Adverbes qui soulignent **la certitude de ce qui est énoncé :**

bestimmt, sicher, gewiß, sicherlich *(certainement) :*

Er is **bestimmt** sehr intelligent.

zweifellos *(sans aucun doute) :*

Ich hätte **zweifellos** hinfahren sollen.

jedenfalls, auf jeden Fall *(en tous cas),* **auf keinen Fall** *(en aucun cas) :*

Das werde ich ihm **auf jeden Fall (jedenfalls)** sagen.

• Adverbes qui soulignent **la probabilité de ce qui est énoncé :**

wohl *(sans doute) :*

Er wird **wohl** kommen.

wahrscheinlich, vermutlich *(vraisemblablement) :*

Er wird **wahrscheinlich** schon zu Hause sein.

• Adverbes qui soulignent **la possibilité de ce qui est énoncé :**

vielleicht *(peut-être) :*

Er ist **vielleicht** krank.

eventuell *(le cas échéant) :*

Eventuell nimmt sie mich mit.

unter Umständen *(le cas échéant) :*

Unter **Umständen** könnte ich nächste Woche nach Amerika fliegen. *Le cas échéant je pourrais partir en Amérique la semaine prochaine.*

etwa *(peut-être, par hasard) :*

Sagen Sie mal, hätten Sie **etwa** Angst ? *Dites-moi, auriez-vous peur ?*

2. Adverbes modulant l'énoncé en fonction des réactions affectives du locuteur

Ces adverbes peuvent ajouter différentes nuances dont :

- **l'acceptation, la résignation :**

eben : Das ist **eben** so. *C'est comme ça, et pas autrement.*
halt : Das muß **halt** sein. *Il ne peut en être autrement.*
nun : Das ist **nun** vorbei ! *Maintenant que c'est passé !*

- **la confiance, l'encouragement :**

schon : Das wird **schon** gehen. *Ça va marcher. Ça ira.*
Was ist **schon** dabei ? *Quel mal y a-t-il ?*

- **le dépit :**

ausgerechnet :

Ausgerechnet an dem Tag, wo ich fahren wollte, streikten die Bahnbeamten. *Comme un fait exprès, les employés des chemins de fer ont fait grève juste le jour où je voulais partir.*

- **l'espoir :**

hoffentlich :

Hoffentlich kommt ihr bald wieder. *Espérons que vous allez revenir bientôt.*

- **le regret :**

leider :

Es bleibt mir **leider** nur eine Möglichkeit. *Malheureusement il ne me reste qu'une possibilité.*

- **la satisfaction :**

zum Glück :

Zum Glück war das Wetter an diesem Tag ordentlich.
Heureusement, il faisait un temps convenable ce jour-là.

- **la suprise :**

sogar :

Er hat mich **sogar** bis zur Metro begleitet. *Il m'a même accompagné jusqu'au métro.*

selbst :

Selbst mit mir geht sie abends nicht aus. *Même avec moi elle ne sort pas le soir.*

LES DIFFÉRENTES PROPOSITIONS

42. *Propositions coordonnées et subordonnées*

En allemand comme en français, une phrase peut comprendre plusieurs propositions. On distingue :

- **les propositions coordonnées,**
- **les propositions subordonnées.**

Un certain nombre de mots servent à relier entre elles ces différentes propositions :

A. Les conjonctions de coordination qui relient deux propostitions coordonnées.

On distingue :

1. les conjonctions de coordination **aber, denn, oder, und, sondern, allein**, qui ne sont pas considérées comme des groupes fonctionnels pouvant occuper la première position dans la phrase et après lesquelles on trouve l'ordre : sujet-verbe.

Sie möchte gern mitfahren, **aber** sie kann nicht. *Elle aimerait venir, mais elle ne peut pas.*
Ich habe gefrühstückt **und** bin schnell ins Büro gegangen. *J'ai pris mon petit déjeuner et je suis vite allé au bureau.*
Er hat es sehr eilig, **denn** sein Zug fährt in zehn Minuten ab. *Il est très pressé, car son train part dans dix minutes.*

2. les conjonctions de coordination **entweder... oder, also, so, dann, sonst, zwar, zwar... aber**, qui sont considérées comme des groupes fonctionnels pouvant occuper la première position dans une phrase et après lesquelles on trouve l'ordre : verbe-sujet.

Entweder ißt du deinen Teller leer, **oder du gehst** ins Bett. *De deux choses l'une : tu finis ton assiette ou tu vas te coucher.*
Ich räume mein Zimmer auf, **dann gehe ich** zum Friseur. *Je range d'abord ma chambre. J'irai ensuite chez le coiffeur.*

Mach schnell, **sonst werden deine Freunde** ungeduldig. *Fais vite, sinon tes amis vont s'impatienter.*

B. Les conjonctions de subordination et autres subordonnants qui relient une proposition dite principale à une proposition subordonnée.

On peut classer les propositions subordonnées en trois catégories :

- **les subordonnées relatives,**
- **les subordonnées complétives,**
- **les subordonnées circonstancielles.**

1. Les subordonnées relatives :

Elles sont introduites par un pronom relatif qui prend le même genre et le même nombre que le nom déterminé, mais dont le cas est déterminé par sa fonction dans la subordonnée.

Si le pronom relatif est **sujet** dans la subordonnée, il est au **nominatif :**

Der Junge, **der** über die Straße geht, paßt gut auf. *Le garçon qui traverse la rue fait bien attention.*

Si le pronom relatif est **complément d'objet**, il est à **l'accusatif :**

Der Junge, **den** ich getroffen habe, war früher in meiner Klasse. *Le garçon que j'ai rencontré était autrefois dans ma classe.*

Si le pronom relatif est **complément d'objet indirect**, il est au **datif :**

Die Dame, **der** ich ein Stück Torte bringe, ist sehr elegant. *La dame à qui j'apporte une part de tarte est très élégante.*

Si le pronom relatif est **complément du nom**, il est au **génitif** et le nom qui suit ne porte aucun déterminatif, comme dans le génitif saxon :

Ich suche einen Jungen, **dessen** Name Reyser ist. *Je cherche un garçon dont le nom est Reyser.*

Die Häuser, **deren** Dächer neu gemacht worden sind, sehen gut aus. *Les maisons dont le toit a été refait, ont fière allure.*

Si le verbe de la subordonnée régit un complément prépositionnel, le pronom relatif sera précédé d'une préposition.

Darf ich Ihnen die Dame vorstellen, **mit der** Sie jetzt arbeiten sollen ? *Puis-je vous présenter la dame, avec laquelle vous allez travailler maintenant ?*

Ich bekomme heute den Brief, **auf den** ich schon so lange warte. *Je reçois aujourd'hui la lettre que j'attends depuis si longtemps.*

(Voir aussi p. 81)

2. Les subordonnées complétives :

a. Les subordonnées complétives sujet :

Daß er das sagt, ist mir nicht sehr angenehm. *Il ne m'est pas très agréable qu'il dise cela.*

b. Les subordonnées complétant des verbes tels que **glauben, denken, sagen, wissen, fürchten, versprechen, behaupten, wünschen, hoffen :**

Ich **glaube, daß** er recht hat. *Je crois qu'il a raison.*

Ich **weiß nicht, ob** er die Wahrheit sagt. *Je ne sais pas s'il dit la vérité.*

Ich **wünsche, daß** er bald zu uns kommt. *Je souhaite qu'il vienne bientôt chez nous.*

c. Les interrogatives indirectes :

Elles sont introduites par les pronoms et adverbes interrogatifs **wann, wie, wer, wen, wem, wessen, was, wo, wohin, warum, etc. :**

Ich verstehe nicht, **warum** er das sagt. *Je ne comprends pas pourquoi il dit ça.*

Ich möchte gern wissen, **wie** er auf diesen Gedanken gekommen ist. *Je voudrais bien savoir comment cette idée lui est venue.*

Sag mir bitte, **wem** dieser Pullover gehört. *Dis-moi, veux-tu, à qui appartient ce pull-over.*

d. Les infinitives :

Er behauptet, **bezahlt zu haben.** *Il prétend avoir payé.*

Er hofft, bald wieder **gesund su sein.** *Il espère recouvrer bientôt la santé.*

3. Les subordonnées circonstancielles :

Elles sont introduites par des **conjonctions de subordination** *(voir liste, p. 106-109)* ; dans toutes ces subordonnées, **le verbe se trouve en fin de proposition.** Les subordonnées circonstancielles peuvent être :

• **de cause :**

Ich kann nicht schlafen, **weil** ich zu viel Kaffee getrunken habe. *Je ne peux pas dormir parce que j'ai bu trop de café.*

Da ich schlechter Laune war, bin ich daheim geblieben.
Comme j'étais de mauvaise humeur, je suis restée chez moi.

• **de temps :**

Während mein Mann den Reifen wechselte, habe ich zu Hause angerufen. *Pendant que mon mari changeait la roue, j'ai téléphoné à la maison.*

Wenn wir auf Urlaub fahren, sind wir immer schwer beladen.
Lorsque nous partons en vacances, nous sommes toujours très chargés.

• **de condition :**

Wenn du mir versprichst, vorsichtig zu fahren, kaufe ich dir ein Moped. *Si tu me promets d'être prudent, je vais t'acheter un vélomoteur.*

• **de but :**

Gib mir bitte deine Telefonnummer, **damit** ich dich jederzeit erreichen kann. *Donne-moi ton numéro de téléphone pour que je puisse te joindre à tout moment.*

• **de conséquence :**

Er hat **so** schlecht gearbeitet, **daß** er beim Examen durchgefallen ist. *Il a si mal travaillé qu'il a échoué à l'examen.*

• **de concession :**

Obwohl das Spiel schon angefangen hatte, standen die Tribünen halb leer. *Bien que le match ait déjà commencé, les tribunes étaient à moitié vides.*

Auch wenn er Zeichen geben würde, würde ich mich nicht melden. *Même s'il faisait signe, je ne me manifesterais pas.*

Cette subordonnée circonstancielle peut être une **infinitive**. Elle est alors introduite par **ohne... zu, anstatt... zu, um... zu :**

Sie ging nach Hause, **ohne** ein Wort **zu sagen**. *Elle est rentrée à la maison sans dire un mot.*

Er geht spazieren, **anstatt** seinen Wagen **zu reparieren**. *Il va se promener au lieu de réparer sa voiture.*

Remarque :

En allemand lorsque deux subordonnées de même nature sont reliées par la conjonction de coordination **und**, on ne répète pas la conjonction de subordination :

Mein Vater wird erst später kommen, **weil er** noch einiges erledigen muß **und** einen Kollegen heimfahren soll. *Mon père ne rentrera que plus tard, parce qu'il a encore quelque chose à faire et qu'il doit raccompagner un collègue chez lui.*

43. *Les conjonctions de subordination*

Toutes ces conjonctions introduisent des subordonnées circonstancielles.

• **als**

(1. *que*, subordination de comparaison) :

Sie fährt viel schneller **als** man denkt. *Elle conduit beaucoup plus vite qu'on ne croit.*

(2. *au moment où, lorsque*, pour un fait qui n'a eu lieu qu'une fois dans le passé) :

Als er aus dem Haus kam, erblickte ich ihn. *Je l'ai aperçu alors qu'il sortait de chez lui.*

• **als ob** *(comme si)*. Le verbe en allemand est au subjonctif :

Sie tut, **als ob** sie erschöpft **wäre**. *Elle fait comme si elle était épuisée.*

- **als wenn** *(comme si)*. Le verbe en allemand est au subjonctif :
  Er tut, **als wenn** nichts passiert **wäre**. *Il fait comme s'il ne s'était rien passé.*

- **anstatt daß** *(au lieu de)* :
  Anstatt daß er mir die Sache erleichtert, erschwert er sie mir. *Au lieu de me faciliter la tâche, il me la complique.*

- **bevor** *(avant que)* :
  Bevor ich die endgültige Wahl treffe, möchte ich es mir noch überlegen. *J'aimerais réfléchir encore avant de prendre ma décision.*

- **bis** *(jusqu'à que)* :
  Versuche es, **bis** du es schaffst ! *Essaie jusqu'à ce que tu y arrives !*

- **da** *(puisque, comme)* :
  Da ich nicht genau weiß, wann ich zurückkomme, nehme ich den Schlüssel mit. *Comme je ne sais pas exactement à quelle heure je vais rentrer, je prends la clef.*

- **damit** *(afin que)* :
  Hol doch dein Wörterbuch, **damit** du dieses Wort verstehst ! *Va chercher ton dictionnaire pour comprendre ce mot.*

- **daß** *(que)* :
  Ich weiß, **daß** ich vorsichtig fahren soll. *Je sais que je dois conduire avec prudence.*

- **es sei denn, daß** *(à moins que)* :
  Sie wird schon anrufen, **es sei denn, daß** man ihr nichts gesagt hat. *Elle va bien téléphoner, à moins qu'on ne lui ait rien dit.*

- **ehe** *(avant que)* :
  Ehe ich den Mund aufgemacht hatte, hatte er schon alles erzählt. *Avant que je n'aie pu ouvrir la bouche, il avait déjà tout raconté.*

- **falls** *(au cas où)* :
  Ruf an, **falls** du nicht kommen solltest. *Téléphone au cas où tu ne viendrais pas.*

- **indem** *(tandis que)* :
  Indem er links abbog, kam ihm einer sehr schnell entgegen. *Tandis qu'il tournait à gauche, un automobiliste est arrivé en face à toute vitesse.*

- **je... desto** *(plus... plus)* :
  Je mehr der Benzinpreis steigt, **desto** weniger sollten die Leute Auto fahren. *Plus le prix de l'essence augmente, moins les gens devraient rouler en voiture.*

- **nachdem** *(après que)* :
  Nachdem ich die Tür zugeschlagen hatte, fiel mir ein, daß ich keinen Hausschlüssel hatte. *Après avoir claqué la porte, je me suis aperçu que je n'avais pas la clef de la maison.*

• **je nachdem** *(selon que)* :

Je nachdem was Sie verlangen, bekommen Sie mehr oder weniger. *Selon ce que vous exigez, vous obtenez plus ou moins.*

• **ob** *(si)* :

Ich frage mich, **ob** ich Fieber habe. *Je me demande si j'ai de la fièvre.*

• **obgleich, obschon, obwohl** *(bien que)* :

Obwohl er es immer wieder behauptet, glaube ich es ihm gar nicht. *Bien qu'il le prétende, je n'en crois pas un mot.*

• **ohne daß** *(sans que)* :

Sie ist weggegangen, **ohne daß** ich das geringste Geräusch gehört habe. *Elle est partie sans que j'entende le moindre bruit.*

• **seit, seitdem** *(depuis que)* :

Seitdem ich in Deutschland wohne, gehe ich gar nicht mehr ins Kino. *Depuis que j'habite en Allemagne, je ne vais plus du tout au cinéma.*

• **sobald** *(dès que)* :

Sobald das Wetter schön wird, spielen wir zusammen Tennis. *Dès qu'il fera beau, nous jouerons ensemble au tennis.*

• **sofern, insofern** *(dans la mesure où)* :

Sofern das niemanden stört, können Sie ruhig weiter Trompette spielen. *Dans la mesure où cela ne gêne personne, vous pouvez continuer à jouer de la trompette.*

• **solange** *(aussi longtemps que)* :

Solange es schneit, können wir den Wagen nicht aus der Garage fahren. *Tant qu'il neige, nous ne pouvons pas sortir la voiture du garage.*

• **sooft** *(aussi souvent que)* :

Sie können schwimmen gehen, **sooft** Sie wollen. *Vous pouvez aller nager aussi souvent que vous le désirez.*

• **soviel** *(autant que)* :

Soviel ich erfahren habe, ist die Situation nicht so schlimm. *Autant que je puisse en juger, la situation n'est pas si grave.*

• **soweit** *(dans la mesure où)* :

Soweit ich das verkrafte, will ich weiterarbeiten. *Tant que je résiste, je veux continuer à travailler.*

• **um so mehr... als** *(d'autant plus que)* :

Er fühlt sich **umsomehr** betroffen, **als** er dafür verantwortlich war. *Il se sent d'autant plus concerné qu'il était responsable de la chose.*

• **um so weniger... als** *(d'autant moins que)* :

Er ist **um so weniger** schuld daran, **als** er keine Erfahrung hatte. *Il est d'autant moins responsable qu'il n'avait aucune expérience.*

• **während** *(pendant que) :*

Während ich nicht daheim war, hat jemand angerufen. *Pendant que j'étais sorti quelqu'un a téléphoné.*

• **weil** (parce que) :

Er antwortet nichts, **weil** er beleidigt ist. *Il ne répond rien parce qu'il est vexé.*

• **wenn**

(1. *si*) :

Wenn ich Geld hätte, würde ich mir ein neues Auto kaufen. *Si j'avais de l'argent, je m'achèterais une nouvelle voiture.*

(2. *lorsque*) :

Wenn die Kinder abends fernsehen, wollen sie nicht mehr ins Bett gehen. *Lorsque les enfants regardent la télévision le soir, ils ne veulent plus aller se coucher.*

• **wie** *(comment) :*

Ich weiß gar nicht, **wie** er auf diese Idee gekommen ist. *Je ne sais vraiment pas comment cette idée lui est venue.*

• **wie... auch** *(si... que) :*

Wie intelligent er **auch** sein mag, er hat die Stelle nicht bekommen. *Si intelligent soit-il, il n'a pas obtenu le poste.*

EXERCICES

La structure des mots

pages 6, 7

1 *Voici une série de mots composés. Certains mots sont formés de deux nom, d'autres de trois noms, d'autres d'un radical verbal + nom, d'autres enfin d'une préposition + nom.*

a) Trouvez, pour chaque mot composé, la catégorie à laquelle il appartient.
b) Indiquez, pour chaque nom composé, son genre.

1.	Fotoapparat	**7.**	Badezimmer	**13.**	Apfelsaft
2.	Streichholz	**8.**	Verkehrsampel	**14.**	Geschirrspülmaschine
3.	Mitbestimmung	**9.**	Schallplatte	**15.**	Feiertag
4.	Tonbandgerät	**10.**	Personenkraftwagen	**16.**	Autobahnnetz
5.	Zuschlag	**11.**	Nachtisch	**17.**	Kaufhaus
6.	Schauspiel	**12.**	Briefumschlag	**18.**	Vorname

2 *Insérez, dans le texte suivant, un nom composé de* ***Brief*** *et de l'un des éléments suivants :*

-marke. -kasten. -wechsel. -freund. -umschlag. -papier. -markenautomat. -schalter. -tasche. -waage. -markensammler.
Certains éléments peuvent être utilisés deux fois.

Peter hat einen **1.** .... Er steht schon lange in **2.** .... mit ihm. Er nimmt **3.** .... und schreibt. Auf dem **4.** .... steht schon die Adresse. Er sucht in seiner **5.** .... eine schöne **6.** .... für Peter, der ein eifriger **7.** .... ist. Leider hat er keine **8.** .... mehr. Er läuft schnell sur Post und will zum **9.** .... Aber die Post ist schon zu. Er geht zum **10.** .... Wie schwer ist denn der Brief mit den vielen Fotos ? Er weiß es nicht. Er hat keine **11.** ....

3 *Dans les phrases suivantes, insérez un nom composé de **Hand** et de l'un des éléments suivants :*

-arbeit. -bewegung. -bremse. -schrift. -schuhe. -schuhgröße. -tasche. -tuch.

1. Die geringste .... tut mir weh.
2. Paß auf ! Der Wagen fährt von allein ! Zieh doch die .... an !
3. Deine .... wird immer schlechter ! Ich kann sie kaum lesen.
4. Vergiß deine .... nicht. Du hättest keinen Hausschlüssel.
5. Welche .... haben Sie ? Ich habe 7 1/2.
6. Welche .... magst du lieber ? Stricken oder Häkeln ?
7. Zieh doch .... an. Es ist sehr kalt heute.
8. Heute habe ich gewaschen. Nimm ein frisches .... aus dem Schrank.

4 *Formez des mots composés en utilisant les éléments donnés dans chacune des colonnes.*

1.	Ferien-	**A.**	-licht
2.	Haus-	**B.**	-papier
3.	Fern-	**C.**	-schlüssel
4.	Eil-	**D.**	-stücke
5.	Sommer-	**E.**	-wohnung
6.	Tages-	**F.**	-artikel
7.	Brief-	**G.**	-sprecher
8.	Zeitungs-	**H.**	-brief
9.	Verlängerungs-	**I.**	-sprossen
10.	Möbel-	**J.**	-schnur

5 *Retrouvez le nom des objets figurant ci-dessous.*
Sommertasche - Einkaufstasche
Modische Leinentasche - Schultertasche
Leinen Sporttasche - Sporttasche.

1. 2. 3.

4. 5. 6.

Groupe verbal infinitif

page 7

6 *Retrouvez la forme infinitive des groupes verbaux employés dans les phrases suivantes :*

1. Gehst du morgen früh spazieren?
2. Der Zug fährt weiter.
3. Marko ist abgehauen.
4. Erinnerst du dich an die schönen Tage am Strand?
5. Dieser Pianist ist sehr begabt.
6. Die Großmutter ruht sich aus.
7. Meine Uhr ist stehengeblieben.
8. Gerold verläßt sich immer auf mich.
9. In der Nacht ist mein Nachbar ins Krankenhaus gebracht worden.
10. Jörg verbrachte seine Ferien in Spanien.

La phrase énonciative

pages 11, 12

7 *Répondez aux questions suivantes en employant une phrase énonciative simple.*

Ex. : Glauben Sie, daß es nachts gefährlicher ist, Auto zu fahren?
Ja, es ist nachts gefährlicher, Auto zu fahren.

1. Glauben Sie, daß der Terrorismus eine Form des modernen Krieges ist?
2. Glauben Sie, daß die Geschwindigkeit auf den Autobahnen begrenzt werden soll?
3. Glauben Sie, daß der TGV in Europa großen Erfolg hat?
4. Glauben Sie, daß die Werbung für Zigaretten verboten werden sollte?
5. Glauben Sie, daß alle Kinder mehrere Sprachen lernen können?

8 **Was machen die Leute am Samstag?**
Construisez des phrases énonciatives complexes commençant par :
ich glaube, daß ... ich weiß, daß ... ich denke, daß ...

1. ins Kino gehen.
2. fernsehen.
3. Tennis spielen.
4. einkaufen gehen.
5. das Auto waschen.
6. das ganze Haus putzen.
7. spazierengehen.
8. aufs Land fahren.

9 *Trouvez des phrases équivalentes en plaçant en première position un autre élément que le sujet :*

Ex. : Mein Freund kommt morgen mit dem Zug.
Morgen kommt mein Freund mit dem Zug.

1. Mutti will mir zu Weihnachten einen Kassettenrecorder kaufen.
2. Der Direktor hat heute morgen eine wichtige Besprechung.
3. Vati ist wegen eines Verkehrsstaus später im Büro angekommen.
4. Er ist letztes Jahr nach Spanien geflogen.

5. Wir haben die ganze Nacht mit dem Computer gearbeitet.
6. Der Chef will zuerst seinen Mitarbeitern danken.
7. Die unentbehrlichen Hinweise wurden uns zum Glück gegeben.
8. Wir konnten leider nicht früher abfahren.
9. Der Wein im Restaurant hat nicht besonders gut geschmeckt.
10. Es regnet in England sehr oft.
11. Mein Vater hat selbstverständlich meinen Vorschlag angenommen.
12. Die Autobahnen sind Gott sei Dank nicht immer so verstopft.
13. Ich will in ein paar Tagen mein Haus renovieren lassen.
14. Peter ist wahrscheinlich per Anhalter gefahren.
15. Es kommen heute abend mindestens zwanzig Leute.

10 *Construisez des phrases en utilisant les éléments donnés ci-dessous. Placez l'élément souligné en première position.*

1. Peter - jeden Samstag - in die Diskothek gehen.
2. Frau Sommer - in Italien - nur Capuccino trinken.
3. 1945 - Adenauer - Kanzler werden.
4. Das Fernsehen - um 19 Uhr - Nachrichten bringen.
5. Die Geschäfte - in Deutschland - sonntags geschlossen sein.

11 *A l'aide des renseignements qui vous sont fournis dans la fiche suivante, faites le portrait de chacun des deux personnages.*

NAME : HAUPTMANN.
VORNAME : CHRISTOPH.
WOHNORT : ZÜRICH, BAHNHOFSTRAßE 24.
ALTER : 17.
GESCHWISTER : 2 Brüder.
BERUF DES VATERS : Ingenieur.
BERUF DER MUTTER : Grundschullehrerin.
STERNZEICHEN : Stier.
LIEBLINGSTIER : Pferd.
LIEBLINGSESSEN : Schnitzel mit Spaghetti.
LIEBLINGSBÜCHER : Raumschiffgeschichten.
HOBBIES : lesen, basteln, Computer.

NAME : KAUFMANN.
VORNAME : EDELTRAUD.
ALTER : 28.
FAMILIENSTAND : ledig.
WOHNORT : MÜNCHEN - Bayern.
VATER : gestorben.
MUTTER : pensionniert.
BERUF : Apothekerin.
STERNZEICHEN : Waage.
FREIZEITBESCHÄFTIGUNGEN : Kino, kochen, Tennis, Antiquitäten.

12 *Traduisez :*

1. Il se peut qu'il ait raison.
2. Il prétend avoir tout entendu.
3. Il est possible qu'il vienne demain.
4. Il va de soi que le délai doit être respecté.
5. Il va certainement donner signe de vie.
6. Il s'est peut-être trompé dans ses comptes.
7. Il va avoir raconté à tout le monde, que j'ai eu un accident.
8. Il paraît qu'il a emprunté 10 000 DM à Pierre.
9. Il doit bien être malade.
10. C'est possible !

La phrase interrogative

page 13

13 *Faites correspondre les questions et réponses ci-dessous en indiquant pour chaque numéro de phrase la lettre correspondante.*

1. Woran denkst du ?	**A.** Herr Sonntheimer.
2. War der Film gestern abend interessant ?	**B.** In Madrid.
3. Wann sind sie gestern abend heimgekommen ?	**C.** Ja, ich war gestern bei der Lufthansa.
4. Denkt ihr manchmal an mich ?	**D.** Um zwei Uhr nachts.
5. Wen hast du auf dem Markt getroffen ?	**E.** Aus Marokko.
6. Wer ist am Apparat ?	**F.** Ja, aber Mutti möchte noch mehr Post bekommen.
7. Haben Sie Ihren Flug schon gebucht ?	**G.** An den Film, den wir gestern gesehen haben.
8. Schreibst du oft nach Hause ?	**H.** Ja sehr ! Hinterher haben wir lange darüber diskutiert.
9. Woher kommt der neue Nachbar ?	**I.** Einen alten Freund von mir.
10. Wo wohnen deine Eltern jetzt ?	**J.** Ja Mamie ! Wir wollen dich nächstes Wochenende besuchen.

14 *Voici dix questions. Certaines sont des questions fermées (F) d'autres des questions ouvertes (O). Classez-les selon ces deux catégories en mettant une croix dans la colonne qui convient.*

Questions	O	F
1. Was möchtest du zu Weihnachten ?		
2. Möchtest du Tee trinken ?		
3. Wem gehört dieser Füller ?		
4. Weißt du, ob der Direktor schon da ist ?		

O	F

5. Sind Sie mir nicht böse ?
6. Wie kommt es, daß Sie so gut deutsch verstehen ?
7. Wieviel Uhr ist es denn ?
8. Wo kommen Sie denn her ?
9. Könnten Sie morgen vorbeikommen ?
10. Würden Sie so gut sein, diese Telefonnummer für mich zu wählen ?

Les pronoms interrogatifs

page 14

15 *Complétez par le pronom interrogatif qui convient :*

1. ...... hast du dich geschnitten ? Mit einem Küchenmesser ?
2. ...... fährst du dieses Jahr in Urlaub ? Wieder nach Italien ?
3. ...... ist es bekannt gegeben worden ? Durch das Radio ?
4. ...... willst du bei deinen Großeltern bleiben ? 3 Wochen ?
5. ...... bist du umgezogen ? Seit mehreren Monaten ?
6. ...... kommt dieser Brief ? Aus Griechenland ?
7. ...... bist du gestern abend ins Theater gegangen ? Mit deiner Schwester ?
8. ...... Kilometer sind es von Paris nach Nizza ? 1 000 ?
9. ...... wohnen Sie jetzt ? In der Eckebertstraße ?
10. ...... spielt er Flöte in der Woche ? Dreimal ?
11. ...... hat angerufen ? Herr Professor Hinsche ?
12. ...... heißt ,,morgen'' auf französisch ? *Demain* ?
13. ...... heißt dein Bruder mit Vornamen ? Franck ?
14. ...... wird die Straße gesperrt ? Bis Weihnachten ?
15. ...... ist das Gegenteil von jung ? Alt ?
16. ...... alt ist dein Großvater geworden ? 94 ?
17. ...... Farbe trägst du am liebsten ? Blau ?
18. ...... Seiten hast du schon gelesen ? 30 ?
19. ...... soll ich meiner Tante zu Weihnachten schenken ? Ein Buch ?
20. ...... muß ich dir das noch sagen ? Zehnmal ?
21. ...... läuft der Motor denn nicht ? Ist der Tank leer ?
22. ...... fehlt Fräulein Schulz heute früh ? Hat sie einen Grund ?
23. ...... arbeite ich, wenn ich schon so viel Steuern zahlen muß ?
24. ...... findest du dieses Buch ? Interessant nicht wahr ?
25. ...... bleibt er im Krankenhaus ? Bis morgen abend ?
26. ...... kostet dieses Tonbandgerät bitte ? 200 DM ?
27. ...... fliegen Sie nächste Woche ? Nach Valparaiso ?
28. ...... Wagen ziehen Sie vor ? Den BMW ?

16 *Trouvez les questions correspondant aux affirmations suivantes. La question doit porter sur l'élément de la phrase souligné.*

1. Das Geschenk ist für Onkel Georg.
2. Ich gehe mit meiner Freundin Brigitte ins Kino.

3. Das Buch gehört meinem Vater.
4. Inge hat heute morgen angerufen.
5. Ich habe Vati gefragt.
6. Ich fahre mit dem Fahrrad in die Stadt.
7. Ich habe die Olivetti Schreibmaschine gekauft.
8. Das Gegenteil von hell ist dunkel.
9. Ich möchte diesen Kugelschreiber.
10. Er hat auf mein Telegramm noch nicht geantwortet.
11. Ich warte auf meine Freundin Ursula. Aber sie kommt nicht.
12. Ich habe Kopfweh.
13. Die Schüler denken an die nächsten Ferien.
14. Ich bin der Sohn des Apothekers.
15. Sie hat sich ein schwarzes Abendkleid gekauft.
16. Vati kommt erst morgen zurück.
17. Webers fahren im Sommer nach Italien.
18. Es ist drei Uhr.
19. Er ist 19 Jahre alt.
20. Dieser Gastarbeiter kommt aus der Türkei.

La phrase impérative

page 14

17 *Exprimez ces ordres d'une manière plus polie en employant la forme de politesse.*

1. Tür zu ! - **2.** Los ! An die Arbeit ! - **3.** Lauter ! - **4.** Kein Eintritt ! - **5.** Rauchen verboten ! - **6.** Herein ! - **7.** Hilfe ! - **8** Hierher ! - **9.** Hinaus ! - **10.** Herunter ! - **11.** Fort !

18 *Voici des pictogrammes. Trouvez, pour chacun d'eux, la légende qui lui correspond.*

A. Nichts hinanswerfen !		**1.**
B. Rauchen verboten !		**2.**
C. Nur für Fahrräder gestattet.		**3.**
D. Fußgängerüberweg.		**4.**
E. Halteverbot.		**5.**
F. Behälter für Abfälle.		**6.**

G. Kein Trinkwasser. 

7.

H. Über 30 verboten.  8.

19 *Exprimez les ordres contenus dans ces phrases en utilisant la forme impérative.*

1. Du sollst dein Zimmer aufräumen!
2. Sie sollen an die Kasse kommen!
3. Du sollst diesen Brief hergeben!
4. Ihr sollt jetzt aufhören!
5. Du sollst deine Zukunft nicht aufs Spiel setzen!
6. Du sollst den Tisch decken!
7. Sie sollen sofort einsteigen!
8. Du sollst das für mich tun!
9. Ihr sollt morgen vorbeikommen!
10. Sie sollen ihm diese Freude machen!
11. Du sollst jetzt ins Bett gehen!
12. Du sollst das Gedicht vorlesen!
13. Du sollst doch mal anrufen!
14. Ihr sollt höflich sein!
15. Du sollst jetzt still sein!
16. Sie sollen nicht so frech sein!
17. Du sollst den Brief mitnehmen!
18. Du sollst nicht so laut sprechen!
19. Sie sollen jetzt gut aufpassen!
20. Wir sollen heimfahren!
21. Du sollst mir helfen!

20 *Traduisez :*

1. Ne remets pas au lendemain ce que tu peux faire le jour même.
2. Ne prends pas cela au pied de la lettre!
3. Aide-moi donc à ranger!
4. Ne parle pas la bouche pleine!
5. Prière de faire suivre!
6. Interdit de fumer!
7. Ne fais pas de bêtises!
8. Fais voir!
9. Regarde-moi!
10. Laisse-moi tranquille!

21 *Voici des recommandations que l'on peut lire ou entendre en Allemagne, soit dans la rue, soit dans d'autres lieux publics. Retrouvez leur équivalent français en plaçant, à côté du numéro inscrit devant chaque recommandation la lettre figurant devant la traduction qui lui correspond.*
ATTENTION : une recommandation en français peut avoir plusieurs équivalents en allemand.

1. Langsam fahren !
2. Falsch verbunden !
3. Entschuldigen Sie !
4. Eintritt frei !
5. Eintritt verboten !
6. Einsteigen bitte !
7. Hör einmal !
8. Eingang verboten !
9. Einfahrt freihalten !
10. Achtung : Einfahrt !
11. Einfahrt verboten !
12. Durchfahrt verboten !
13. Nicht drängen !
14. Haltet den Dieb !
15. Machen Sie es sich bequem !
16. Bitte nicht berühren !
17. Bedienen Sie sich !
18. Ausfahrt freihalten !
19. Holen Sie tief Luft !
20. Bleiben Sie am Apparat !
21. Nehmen wir an !
22. Bekleben verboten !
23. Betreten des Rasens verboten !
24. Frisch gestrichen !
25. Notbremse ziehen !

A. Peinture fraîche !
B. Sens interdit !
C. Ne poussez pas !
D. Admettons !
E. Servez-vous !
F. Ralentir !
G. Entrée interdite !
H. Mettez-vous à l'aise !
I. Au voleur !
J. Il y a erreur de numéro !
K. Entrée libre !
L. Ne pas toucher !
M. Ne quittez pas !
N. Prière de ne pas stationner ! Sortie de voiture !
O. Excusez-moi !
P. En voiture !
Q. Écoute donc !
R. Passage interdit !
S. Défense d'afficher !
T. Pelouse interdite !
U. Respirez à fond !
V. Tirez le signal d'alarme !

La phrase négative

page 15

22 *Répondez aux questions en employant la forme négative. L'élément de phrase sur lequel la négation doit porter est souligné.*

1. Fährt Herr Dupont morgen früh nach Straßburg ? - **2.** Kommst du mit dem Rad ? - **3.** Bleibt deine Tochter heute zu Hause ? - **4.** Hast du einen Regenschirm ? - **5.** Nimmt Herr Meyer seinen Wagen ? - **6.** Habt ihr jetzt Zeit ? - **7.** Arbeitet Frau Götz noch ? - **8.** Darfst du allein ins Kino gehen ?

23 *Dites-le autrement en employant une forme négative.*

Ex. : Dieser Wein ist gut.
Dieser Wein ist nicht schlecht.

1. Die Mathearbeit für morgen ist schwer.
2. Dein Zimmer ist klein.
3. Dieses Tonbandgerät ist teuer.
4. Das ist unmöglich.
5. Du bist schlank.

24 *Dites le contraire en employant une forme négative.*

1. Wir haben noch Zucker.
2. Es bleibt noch etwas zum Essen.
3. Er ist schon groß genug.
4. Das hat er immer gedacht.
5. Wir haben Glück gehabt.
6. Jemand hat geklingelt.
7. Ich bin dir immer noch böse.
8. Er kauft etwas.
9. Alle sind da.

25 *Complétez par* ***erst*** *...... ou* ***nur*** *......*

1. Reg dich doch nicht so auf! ...... mit der Ruhe! - **2.** Er ist ...... angekommen. - **3.** Es ist ...... drei Uhr. - **4.** Der Chef kann ...... morgen nach Amsterdam fliegen. - **5.** Ich habe ...... 5 DM in meiner Hosentasche. - **6.** Vati hat ...... noch 1 000 DM auf seinem Konto.

26 *Complétez par* ***nicht*** *ou* ***kein, keine, keinen.***

1. Magst du ...... Nachtisch?
2. Ich esse dieses Fleisch ....
3. Warum hast du mich ...... angerufen?
4. Mit sechzehn Jahren darfst du noch ...... Auto fahren.
5. Morgens trinke ich ...... Tee.
6. Du brauchst doch ...... Motorrad.
7. Dieser Fisch schmeckt ausgezeichnet. Aber ich kann ...... mehr.
8. Morgen ist Samstag. Wir haben samstags ...... Schule.
9. Die Bank ist zu und ich habe ...... Geld mehr.
10. Ich brauche ...... viel Geld.
11. Ich spiele ...... gern Tennis.
12. Ich habe ...... Lust, nach England zu fahren.
13. Ich suche einen Brieffreund aber ich finde ....
14. Mein Sohn zeigt für Mathematik überhaupt ...... Interesse.
15. Diese Fernsehsendung interessiert mich ....
16. Ich habe heute erfahren, daß Herr Meyer ...... mitfahren kann.
17. Ich darf ...... Alkohol trinken.
18. Ich verstehe das ....
19. Davon habe ich ...... Ahnung.
20. Hättest du das ...... früher sagen können?

27 *Traduisez :*

1. En aucun cas. - **2.** Rien du tout. - **3.** Jamais plus. - **4.** N'est-ce pas ? - **5.** Pas du tout. - **6.** Moi non plus. - **7.** Aucun des deux. - **8.** En aucune façon. - **9.** Nulle part. - **10.** Pas encore.

La structure de la phrase

ages 16, 17

28 *A l'aide des groupes verbaux qui vous sont donnés ci-dessous, construisez :*
— des phrases énonciatives simples à la 3e personne du singulier ;
— des phrases interrogatives globales à la 2e personne du singulier ;
— des phrases complexes à la 3e personne du singulier introduites par : ,,Ich weiß, daß...''.

1. im Ausland arbeiten. - **2.** fernsehen. - **3.** laut sprechen. - **4.** barfuß laufen. - **5.** die Tür zumachen. - **6.** wiederkommen. - **7.** aufhören. - **8.** stehenbleiben. - **9.** spazierengehen. - **10.** überholen.

Les différentes catégories de verbes

pages 21, 22

29 *Voici une série de verbes à l'infinitif. On vous donne, pour chacun de ces verbes, la forme du prétérit et du parfait. En observant ces formes, dites à quelle catégorie ils appartiennent en mettant une croix dans la bonne colonne.*

Verbes	Prétérit	Parfait	Faible	Faible irrégulier	Fort
1. arbeiten	arbeitete	hat gearbeitet			
2. brennen	brannte	hat gebrannt			
3. wissen	wußte	hat gewußt			
4. vergessen	vergaß	hat vergessen			
5. verschwinden	verschwand	ist verschwunden			
6. heulen	heulte	hat geheult			
7. heißen	hieß	hat geheißen			
8. senden	sandte	hat gesandt			
9. stehen	stand	hat gestanden			
10. gewinnen	gewann	hat gewonnen			
11. kennen	kannte	hat gekannt			
12. lassen	ließ	hat gelassen			
13. lachen	lachte	hat gelacht			
14. bringen	brachte	hat gebracht			
15. haben	hatte	hat gehabt			
16. sein	war	ist gewesen			
17. fallen	fiel	ist gefallen			
18. füllen	füllte	hat gefüllt			
19. empfangen	empfing	hat empfangen			
20. suchen	suchte	hat gesucht			

Indicatif. Le présent

pages 23-25

30 *Complétez ces verbes au présent.*

1. Du arbeit . . . . . . - **2.** Er sprich . . . . . . - **3.** Ihr sprech . . . . . . - **4.** Du gib . . . . . . Gas. **5.** Du wir . . . . . . böse. - **6.** Ich hol . . . . . . es. - **7.** Wir fahr . . . . . . - **8.** Ihr hab . . . . . . Glück. - **9.** Du heiß . . . . . . Horst. - **10.** Ihr werd . . . . . . nervös.

31 *Voici une série de verbes à particule. Conjuguez-les au présent à la personne demandée.*

Ex. : mitfahren (Onkel Günther). Onkel Günther fährt mit.

1. einkaufen gehen (Paola). - **2.** einen Regenschirm mitnehmen (du). - **3.** dableiben (Vati). - **4.** radfahren (du). - **5.** achtgeben (er). - **6.** sitzenbleiben (mein Freund Georg). - **7.** spazierengehen (ihr). - **8.** die Küche fertigmachen (du). - **9.** eintreten (er). - **10.** vorlesen (du).

32 *Complétez par l'auxiliaire* ***sein*** *au présent.*

1. Sie . . . . sehr freundlich, Herr Direktor. - **2.** Ich . . . . zwanzig Jahre alt. - **3.** Ihr . . . . wirklich sehr frech heute. - **4.** Die Musik . . . . zu laut. - **5.** . . . . du heute abend zu Hause ? - **6.** Ich . . . . nicht da. - **7.** Unsere Nachbarn . . . . immer auf Reisen. - **8.** Die Brille . . . . auf der Kommode. - **9.** Wir . . . . noch nicht fertig. - **10.** Dieses italienische Obst . . . . besonders lecker.

33 *Complétez par l'auxiliaire* ***haben*** *au présent.*

1. Mein Sohn . . . . immer Hunger. - **2.** Ich . . . . Angst. - **3.** . . . . ihr viel Freizeit ? - **4.** Wir . . . . kein Geld. - **5.** Du . . . . Glück ! - **6.** Die Autofahrer . . . . es manchmal eilig. - **7.** . . . . Sie Feuer bitte ? - **8.** Da . . . . du recht ! - **9.** Er . . . . es gut. - **10.** Ich . . . . viel zu tun.

34 *Complétez par l'auxiliaire* ***werden*** *au présent.*

1. Dein Kaffee . . . . kalt. - **2.** Ich . . . . nächstes Jahr 20. - **3.** Mein Sohn . . . . Ingenieur. - **4.** Du . . . . langsam taub. - **5.** Der Sommer . . . . heiß. - **6.** Wir . . . . immer anspruchsvoller.

35 ***Sein, haben*** *ou* ***werden*** *?*

1. Trink doch nicht so viel Kaffee ! Du . . . . nervös. - **2.** Mein Großvater . . . . immer sehr pünktlich. - **3.** Wir . . . . keine Zeit. - **4.** Ihr . . . . es eilig. - **5.** . . . . du immer noch müde ? - **6.** Ich ziehe einen Pullover an : mir . . . . kalt. - **7.** Ich habe heute am Radio gehört, daß der Winter kalt . . . . -

8. Dieses Jahr .... der Herbst besonders schön. - **9.** .... ihr ruhig? - **10.** Da .... wir's : die Leute stehen schon Schlange. - **11.** Ich .... gerade dabei, mir einen Pullover zu stricken. - **12.** Schmitts .... beim Abendessen. - **13.** Was .... ihr heute abend vor? - **14.** Ihr .... sicher hungrig.

36 *Voici une série de verbes.*
Lorsque l'on conjugue ces verbes au présent, on change la voyelle du radical de l'infinitif à la 2ᵉ personne et à la 3ᵉ personne du singulier. Indiquez, à l'aide d'une croix dans la colonne correspondante, quelle transformation chacun de ces verbes subit.

a	ä	i	ie	äu
1. laufen				
2. essen				
3. lesen				
4. sprechen				
5. gefallen				
6. treten				
7. sehen				
8. halten				
9. lassen				
10. dürfen				
11. wollen				
12. mögen				
13. sterben				
14. befehlen				
15. sich bewerben				
16. helfen				
17. tragen				
18. empfangen				
19. beraten				
20. werfen				
21. treffen				
22. raten				
23. schlafen				

	a	ä	i	ie	äu
24. wachsen					
25. stehlen					
26. messen					
27. gelten					
28. sich verhalten					
29. vorschlagen					
30. brechen					
31. können					

Le prétérit

pages 25-27

37 *Mettez le texte suivant au prétérit.*

Am späten Abend komme ich in Paris an. Ich öffne die Wohnungstür und rufe : ,,Klaus !'' Aber mein Mann ist nicht da. Ich mache die Balkontür auf. Die Sonne scheint warm. Ich räume meine Sachen auf. Dann dusche ich lange und wasche mir die Haare. Ich will meine Post lesen, aber bin viel zu nervös dazu. Ich suche nach einem Krimi in meinem Bücherschrank. Ich finde aber nichts Rechtes. Ich trinke eine Tasse Kaffee.

Ich bin allein.

Ich mache mir mein Abendbrot und esse es vor dem Fernseher. Es läuft ein guter Western. Ich fühle mich plötzlich furchtbar müde und gehe ins Bett. Ich kann nicht einschlafen und nehme zwei Tabletten. Ich höre noch ein paar Schritte im Flur und schlafe ein.

38 *Voici le bloc-notes de Monika Wenders. Racontez ce qu'elle a fait dans la semaine en employant le prétérit.*

MONTAG	Auto : Panne - Taxi - Flug nach Frankfurt hin und zurück.
DIENSTAG	Friseur - Konzert.
MITTWOCH	anrufen : Petra (Einladung zum Kaffeetrinken Samstag), Garage. Zahnarzt.
DONNERSTAG	Auto fertig - einkaufen.
FREITAG	Markt - Pizza essen mit Markus.
SAMSTAG	Tennis - Kino - Kaffee trinken mit Petra - Diskothek.

39 *Complétez les phrases suivantes en employant le prétérit.*

1. Heute sind die Autofahrer zu nervös : früher ...... sie ruhiger.
2. Heute haben die Kinder viel Taschengeld : früher ...... sie kein.
3. Heute geht die Zeit schnell vorbei : früher ...... sie nicht so schnell.
4. Heute arbeitet man weniger : früher ...... man mehr.
5. Heute denkt man nicht mehr an die alten Leute : früher ...... man mehr an sie.
6. Heute kann man durch ganz Europa ohne Paß reisen : früher ...... man das nicht.
7. Heute gibt es viele Autobahnen : früher ...... es keine.
8. Heute sitzt die ganze Familie nach dem Essen vor dem Fernsehen : früher ...... sie vor dem Feuer und jeder erzählte Geschichten.

40 *Complétez le tableau suivant :*

	Infinitif	Présent 3e pers. sing.	Prétérit 3e pers. sing.	Parfait 3e pers. sing.
1.			er nahm	
2.		er trinkt		
3.	kommen			
4.				er hat gesungen
5.		er denkt		
6.	lesen			
7.			er ging	
8.				er hat gerufen
9.			er stand auf	
10.		er steigt aus		
11.				er hat gebracht
12.	bleiben			
13.			er saß	
14.	sich waschen			
15.		er ist		
16.				er ist geworden
17.		er verbietet		
18.	geben			
19.			er aß	
20.				er hat gefunden

Le parfait

pages 27-29

41 **Was hat Hildegard heute in der Stadt gemacht?**
Dites-le en employant le parfait.

9 Uhr : Friseur
10.30 Uhr : Buchhandlung - Bücher holen
11 Uhr : Fahrschule
12 Uhr. Verabredung mit Jörg am Rathausplatz - Ausstellung
13 Uhr : Mac-Donald's
14 Uhr : Kino
16 Uhr : Kaffee trinken
18 Uhr : nach Hause

42 *Complétez le texte suivant en employant le verbe qui convient soit au prétérit, soit au parfait.*

Heute morgen ging alles schief!

1. Ich .... den Wecker nicht ....
2. Die Milch ....
3. Ich .... meinen Autoschlüssel nicht ....
4. Der Motor ....
5. Alle Ampel ....
6. Am Bahnhof, auf dem Parkplatz ....
7. Am Schalter ....
8. Der Zug ....
9. Im Zug ....
10. Ich .... meinen Regenmantel im Zug ....

43 *Choisissez, pour chacune des phrases, le temps qui convient.*

I

1. Er freute sich, als sein Freund aus Amerika	**a.** angekommen war.
2. Ich weiß noch nicht, ob mein Freund aus Amerika	**b.** ankam.
3. Ich wollte viel Freizeit haben, nachdem mein Freund aus Amerika	**c.** angekommen ist.

II

1. Ist das alles, was sie	**a.** kauften.
2. Sie fanden es teuer, als sie es	**b.** gekauft hatten.
3. Sie waren sehr stolz auf die Sachen, die sie	**c.** gekauft haben.

III

1. Er war glücklich, als er das Buch	**a.** las.
2. Er weiß nicht, ob er das Buch	**b.** gelesen hatte.
3. Er konnte nicht mehr schlafen, nachdem er das Buch	**c.** gelesen hat.

IV

1. Einige saßen auf einer Bank, während die anderen
2. Sie verließen die Stadt, nachdem sie
3. Da sitzen ein paar Touristen, die schon

a. Stadtbummel gemacht hatten.
b. Stadtbummel machten.
c. Stadtbummel gemacht haben.

44 *Quel auxiliaire utilise-t-on pour conjuguer ces verbes au parfait ? Mettez une croix dans la bonne colonne.*

VERBES	AUXILIAIRE SEIN	AUXILIAIRE HABEN
1. laufen		
2. singen		
3. sterben		
4. folgen		
5. versprechen		
6. vergehen		
7. sich setzen		
8. anrufen		
9. regnen		
10. fahren		
11. schwimmen		
12. geschehen		
13. werden		
14. sein		
15. haben		

45 *Complétez par l'auxiliaire qui convient.*

Ich **1.** .... heute morgen sehr früh wach geworden. Ich **2.** .... sofort aufgestanden und **3.** .... mich schnell angezogen. Dann **4.** .... ich gefrühstückt und **5.** .... ganz leise die Treppe hinuntergegangen. Ich **6.** .... meinen Mantel genommen und **7.** .... fortgegangen. Vati **8.** .... mich zum Bahnhof gefahren. Die anderen Schüler **9.** .... mit der Straßenbahn zum Bahnhof gefahren. Ich **10.** .... meine Schulkameraden am Bahnhof getroffen. Der Lehrer **11.** .... uns gezählt und **12.** .... festgestellt, daß keiner von uns fehlte. Der Zug **13.** .... pünktlich angekommen und wir **14.** .... alle schnell eingestiegen. Wir **15.** .... uns amüsiert. Klaus **16.** .... sich erkältet.

46 *Mettez les phrases suivantes au parfait, selon le modèle :*

Geh doch zu Beate ! Ich bin schon zu Beate gegangen.

1. Iß doch deinen Teller leer !
2. Schau dir doch diesen Film an !
3. Nimm doch deine Tablette ein !
4. Mach doch das Fenster zu !
5. Fahr den Wagen in die Garage !
6. Fahr doch bitte zum Bäcker !
7. Traue dir nicht zuviel zu !
8. Verzichte doch darauf !
9. Folge ihm doch !
10. Gib es doch zu !
11. Versuche es doch !

47 *Mettez les phrases suivantes au parfait.*

1. Die Zeit vergeht sehr schnell. - **2.** Paola betrachtet sich im Spiegel. - **3.** Ich ziehe einen warmen Pullover an. - **4.** Der Hund folgt dem Touristen. - **5.** In meinem Arbeitszimmer brennt den ganzen Tag Licht. - **6.** Er steigt aus dem Zug aus. - **7.** Der Urlaub geht viel zu schnell zu Ende. - **8.** Es fängt an zu regnen. - **9.** Der Zug fährt mit Verspätung ab. - **10.** Wir verlaufen uns in den kleinen Gassen der Altstadt.

Le futur

pages 29, 30

48 *Mettez les phrases suivantes au futur.*

1. Wir gebrauchen immer mehr den Computer. - **2.** Der Mensch hofft immer auf bessere Zeiten. - **3.** Die Elektrogeräte sind billiger. - **4.** Die Züge fahren immer schneller. - **5.** Du hast nie Zeit. - **6.** Ich beeile mich. - **7.** Der Briefträger kommt früher. - **8.** Du siehst schon ein, daß ich recht habe. - **9.** Du stellst fest, daß es richtig war. - **10.** Du verstehst später.

49 *Traduisez en employant* **werden** *+ infinitif.*

1. Il se comportera différemment. - **2.** Il a dû rater le train. - **3.** Il doit dormir encore. - **4.** Elle aura rencontré une amie. - **5.** Il va bien pleuvoir.

Attention ! L'expression *Je vais* ... qui exprime l'idée d'un futur très proche, ne se traduit pas en allemand par **werden** + infinitif, mais par **wollen** ou **sollen**.

50 *Traduisez :*

1. Attends ! Je vais vite chercher mon anorak.
2. Maintenant, nous allons dîner.
3. Il va, dit-on, neiger demain.
4. Il va payer ses dettes.

Le plus-que-parfait

page 30

51 *Relevez, dans l'article de journal suivant, les verbes au plus-que-parfait. Puis donnez, pour chacun de ces verbes, la forme infinitive.*

MEHR ALS 70 TOTE BEI FLUGZEUGABSTURZ
Unglück in Kolumbien

BOGOTÁ, 25. Juli (dpa/UPI). Beim Absturz einer Transportmaschine der kolumbianischen Luftwaffe sind nach Angaben der Behörden vermutlich mehr als siebzig Insassen ums Leben gekommen. Nach Mitteilung der Luftfahrtbehörde in Bogotá war die Maschine vom Typ DC-6 kurz nach dem Start in ein unwegsames Urwaldgebiet unweit der Stadt Leticia im äußersten Südosten des Landes gestürzt. Der Pilot hatte vor der Katastrophe über Funk gemeldet, einer der vier Motoren sei in Brand geraten. Rettungsmannschaften war es bis zum Donnerstag morgen noch nicht gelungen, sich bis zu der Unglücksstelle, rund 1100 Kilometer südöstlich von Bogotá, durchzukämpfen. Die Luftwaffenmaschine war für den regulären Passagiertransport auf der Strecke Leticia—Bogotá eingesetzt worden, nachdem die Piloten der zivilen kolumbianischen Fluggesellschaft Avianca am vergangenen Montag in einen unbefristeten Streik getreten waren, um Gehaltserhöhungen durchzusetzen. Bei drei vorausgegangenen Flugzeugkatastrophen in Kolumbien seit Anfang 1985 sind 86 Menschen ums Leben gekommen. Einer Statistik über die letzten zwölf Jahre zufolge weist Kolumbien eine Rate von rund 27 Unfällen bei einer Million Flüge auf. Das südamerikanische Land steht damit an der Spitze der Unfallhäufigkeit bei der Zivilluftfahrt in der nichtkommunistischen Welt.

Frankfurter Allgemeine Zeitung, n° 170 du 26.7.1985.

Le subjonctif I

pages 31-33

52 *Faites des phrases au discours indirect* ***(Der Journalist erzählte...)*** *en utilisant les informations figurant dans l'article de journal précédent. Employez les groupes verbaux suivants :*

1. ums Leben kommen.
2. in ein Urwaldgebiet stürzen.
3. in Brand geraten.
4. an der Spitze der Unfallhäufigkeit stehen.

53 *Transposez les phrases suivantes au discours indirect.*
(Vati sagte seinem Sohn :)

1. Ich mache mir Sorgen um deine Zukunft. - **2.** Du arbeitest nicht sehr gut in der Schule. - **3.** Du kannst nicht gut lesen. - **4.** Du bist frech zu den Lehrern. - **5.** Du hast keine Geduld. - **6.** Du mußt mehr aufpassen. - **7.** Du sollst jeden Abend mindestens zwei Stunden arbeiten. - **8.** Du hast keine gute Freunde. - **9.** Du machst nichts Gescheites in deiner Freizeit. - **10.** Du sprichst gar nicht mehr so viel wie früher.

54 *Complétez le texte suivant en employant les verbes indiqués.*
Attention au mode qu'il faut employer ! Le même verbe peut être utilisé plusieurs fois.

kommen - haben - erzählen - schlafen - sollen - wollen - mögen - können - sein - sich fühlen - sprühen - lieben - verstehen - sich verbrühen - fragen.

In der Küche **1.** .... mir Charlotte, daß sie ein Verhältnis mit einem Fernstudenten **2.** .... Er **3.** .... alle sechs Wochen nach Berlin, und sie **4.** .... in seinem möblierten Zimmer zusammen. Er **5.** .... gleichfalls verheiratet. Sie **6.** .... wissen, ob sie es Michael erzählen **7.** .... Ich **8.** ...., ob sie sich denn scheiden lassen **9.** .... Sie verneinte es. Sie **10.** .... nicht einmal sagen, ob sie diesen Fernstudenten **11.** .... Es **12.** .... nur sexuell, und sie **13.** .... wissen, ob ich das **14.** .... Ich sagte, daß ich das verstehen **15.** ...., und sie erwiderte, sie **16.** .... es nicht verstehen, wo doch Michael so gut **17.** .... Sie **18.** .... sich ganz schlecht und verachte sich, **19.** .... aber weiter mit dem Studenten. Dann **20.** .... sie sich mit dem Kaffeewasser die Hand, und Michael **21.** .... in die Küche und **22.** .... Panthenolspray auf die gerötete Haut.

Christoph Hein. Drachenblut-Novelle.

Le subjonctif II

pages 31-35

55 *Que feriez-vous à sa place ? Dites-le en utilisant l'expression* **an seiner Stelle** *(à sa place) et le subjonctif II passé.*

1. ins Kino gehen.
2. froh sein.
3. Angst haben.
4. mein ganzes Geld ausgeben.
5. es tun.
6. nichts wissen.
7. später kommen.
8. nicht rauchen.
9. sofort schreiben.
10. es verraten mögen.
11. es nicht aushalten können.
12. darauf verzichten.

56 *Traduisez les phrases suivantes.*
— a) en utilisant ***wenn****,* *— b) sans* ***wenn****.*

1. Si j'avais davantage de temps, je vous rendrais visite.
2. Si le franc suisse n'était pas si cher, les Français iraient volontiers passer leurs vacances en Suisse.
3. Si les Turcs trouvaient du travail en Turquie, ils ne viendraient pas travailler en Allemagne.
4. Si les loyers étaient moins chers, les gens pourraient être mieux logés.

57 *Reliez les phrases suivantes par* ***als ob****.*

1. Tante Eva machte ein komisches Gesicht ; sie war mir böse.
2. Ich antwortete nichts ; ich hatte gar nichts verstanden.
3. Er knallte die Tür zu ; er war in Eile.
4. Er spricht deutsch ; er ist ein Deutscher.
5. Sie erklärte den Film ; sie hatte ihn schon gesehen.
6. Sie verlangt Geld von mir ; ich bin reich.
7. Das Kind schreit ; er hat sich verletzt.

58 *Traduisez les expressions suivantes :*

1. Seien Sie herzlich willkommen bei uns !
2. Sei doch still !
3. Dein Wille geschehe !
4. Es lebe die deutsch-französische Freundschaft !
5. Möge das nun vorkommen !

59 *Complétez selon le modèle :*

Er hätte zu uns kommen können. Aber er ist nicht gekommen.

1. .... Aber er ist nicht zur Polizei
.... gegangen.
2. .... Aber er ist nicht krank geworden.
....
3. .... Aber er hat das Buch nicht
.... gefunden.
4. .... Aber er ist nie zurückgekommen.
....
5. .... Aber er hat das Spiel nicht
.... gewonnen.
6. .... Aber er hat den Zug nicht verpaßt.
....
7. .... Aber er hat das Brot nicht
.... geschnitten.
8. .... Aber er hat nie Sport getrieben.
....

9. .... Aber sie hat sich nicht angezogen.
....
10. .... Aber sie hat nie deutsch gesprochen.
....

60 *Reliez les phrases par* ***wenn*** *en employant le subjonctif II. Attention ! Respectez bien les temps !*

1. Ich hätte gern geschrieben. Ich hatte aber keine Adresse.
2. Ich hätte gern eine Zeitung gekauft. Ich hatte aber kein Geld.
3. Ich würde gern ins Kino gehen. Ich habe aber kein Programm.
4. Ich könnte weiterlernen. Ich habe aber kein Buch.
5. Ich würde das gern übersetzen. Ich verstehe es aber nicht.
6. Ich wäre noch länger gewandert. Ich wurde aber krank.

Le participe I

page 37

61 *Trouvez la forme du participe I des verbes ci-dessous et utilisez ce participe comme adjectif épithète dans les phrases qui vous sont proposées.*

1. -schlafen- Das .... Kind bewegt sich nicht.
2. -kommen- Die .... Wochen werden sehr wichtig sein.
3. -spannen- Dieses .... Buch gefällt mir sehr.
4. -beruhigen- Die .... Parolen nützen nichts.
5. -zunehmen- Die Preise steigen in .... Maße.
6. -zurückhalten- Der .... Schüler macht den Mund nie auf.
7. -folgen- Die .... Seiten müssen bis morgen gelesen werden.
8. -bedeuten- Die .... Politiker haben kein Familienleben.

62 *Traduisez les expressions suivantes en utilisant un participe I. Vous trouverez, pour vous aider, la liste des verbes à utiliser ci-dessous.*

1. Le parti dirigeant. - **2.** Le mot propre. - **3.** C'est excellent. - **4.** Le lendemain. - **5.** Être au courant. - **6.** C'est bouillant ! - **7.** Je suis en pleine forme. - **8.** A la nuit tombante. - **9.** La chose est urgente. - **10.** C'est important. - **11.** C'est frappant. - **12.** Poste restante.

Verbes à utiliser : lagern, führen, hervorragen, einbrechen, bedeuten, blenden, kochen, laufen, passen, folgen, dringen, auffallen.

Le participe II

page 38

63 *Employez le participe II des verbes donnés ci-dessous comme épithète et placez-les correctement dans les phrases qui vous sont proposées.*

verlieren - vergehen - füllen - auslesen - mischen - veröffentlichen - braten - reiben - schreiben - wünschen.

1. Die .... Weihnachtsgeschenke sind geliefert worden.
2. Im .... Jahr waren wir in Mexico.
3. Die .... Rüben sehen lecker aus.
4. Dieser .... Salat schmeckt mir besonders gut.
5. Die .... Zeit kommt nie zurück.
6. Die .... Nachrichten sind nicht ernst zu nehmen.
7. Die .... Hähnchen riechen sehr gut.
8. Die .... Bierflaschen werden automatisch verkorkt.
9. Die .... Briefe werden sofort eingeworfen.
10. Die .... Früchte werden in der Tiefkühltruhe aufgehoben.

64 *Complétez en utilisant le participe II des verbes entre parenthèses comme substantif.*

1. Der .... wurde ins Krankenhaus gebracht. (verletzen)
2. Die .... hoffen auf bessere Zeiten. (fangen)
3. Die .... hat einen schönen Ring bekommen. (verloben)
4. Der .... lag auf der Straße. (betrinken)
5. Das .... ist nicht immer angenehm zu hören. (sagen)
6. Das .... wird erfüllt. (wünschen)
7. Das .... schmeckt mir gut. (würzen)
8. Der .... beschwert sich. (anklagen)
9. Die .... stellen einen Strafantrag. (betreffen)
10. Die .... müssen in einem anderen Land leben. (vertreiben)

L'infinitif

pages 38-40

65 *Retrouvez, à partir des substantifs suivants, l'infinitif du verbe dont ils sont dérivés.*

1. die Fahrt
2. das Spiel
3. das Zelt
4. das Leid
5. der Empfang
6. der Eintritt
7. der Widerspruch
8. die Einsicht
9. der Bruch
10. das Bekenntnis
11. die Bedeutung
12. die Ausnahme
13. die Schrift
14. die Erinnerung
15. der Absatz

66 *Transformez selon le modèle.*

Ich gehe nie ins Kino. Aber ich möchte gern ins Kino gehen.

1. Ich fahre nie Rad. - **2.** Ich gehe nie spazieren. - **3.** Ich stehe nie spät auf. - **4.** Ich sehe nie fern. - **5.** Ich sehe mir nie Krimis an. - **6.** Ich kann nie deutsch sprechen. - **7.** Ich werde nie Pilot.

67 *Complétez en employant l'infinitif du verbe qui convient.*

Was ist gesund ?

1. viel Milch ....
2. keine Zigaretten ....
3. viel Obst ....
4. viel Sport ....
5. beim offenen Fenster ....
6. früh ....
7. 8 Stunden pro Nacht ....
8. wenig Tabletten ....

68 ***hören, gehen** ou **lassen** ? Choisissez, pour chacune des phrases, le verbe qui convient.*

1. Er .... sich den Bart wachsen. - **2.** Er .... den Wind sausen. - **3.** Er .... sich die Haare schneiden. - **4.** Er .... regelmäßig schwimmen. - **5.** Er .... das Meer rauschen. - **6.** Er .... die Vögel singen. - **7.** Er .... sehr gern spazieren. - **8.** Er .... sich ein Haus bauen. - **9.** Er .... sich nicht leicht überzeugen. - **10.** Er .... jedes Jahr Ski*fahren.

69 *Complétez :*

Er wollte nicht kommen.	Er hat nicht kommen wollen.
1. Ich konnte nicht mehr sprechen.	....
2. Ich mußte es mir lange überlegen.	....
3.	Ich habe ihn anrufen wollen.
4.	Er hat zwei Stunden warten müssen.
5. Ich durfte nichts verraten.	....
6.	Ich habe Geld ausleihen müssen.
7. Ich konnte kein Wort verstehen.	....

70 *Transformez selon le modèle :*

Bist du dageblieben ? Nein, ich mußte weggehen.
Ich habe dableiben wollen, aber ich habe weggehen müssen.

1. Hast du Tante Gerda angerufen ? Nein, ich konnte ihre Nummer nicht finden.
2. Bist du früh aufgestanden ? Nein, ich mußte ausschlafen.
3. Hast du die Zeitung gelesen ? Nein, ich konnte sie nicht finden.
4. Hast du geschrieben ? Nein, ich durfte es nicht machen.

71 *Emploi de* ***lassen****.*

Ex. : Hast du dein Moped selbst repariert ?
Nein, ich habe es reparieren lassen.

1. Hast du dein Zimmer selbst tapeziert ?
2. Hast du deinen Pullover selber gestrickt ?
3. Hast du Ursulas Haare selbst geschnitten ?
4. Haben Sie dieses Paket selber gesandt ?
5. Haben Sie diesen Rock selber gemacht ?

72 *Transformez les phrases impératives en phrases infinitives.*

Ex. : Kommen Sie bitte sofort !
Ich bitte Sie, sofort zu kommen.

1. Rufen Sie Herrn Köhler sofort an !
2. Machen Sie das Fenster zu !
3. Holen Sie mich um 21 Uhr am Bahnhof ab !
4. Kommen Sie morgen abend vorbei !
5. Übersetzen Sie diesen Satz !

73 *Transformez les phrases selon le modèle :*

Willst du heute nachmittag schwimmen gehen ?
Ja, es macht mir Spaß, schwimmen zu gehen.

1. Willst du morgen früh aufstehen ?
2. Willst du Ski fahren ?
3. Willst du mit mir nach Italien fahren ?
4. Willst du Schmitts einladen ?
5. Willst du mit mir weiterarbeiten ?

·74 *Transformez les phrases selon le modèle :*

Vielleicht hat er Schwierigkeiten !
Ja ! Er scheint Schwierigkeiten zu haben.

1. Vielleicht ist er bei Rot über die Ampel gefahren !
2. Vielleicht hat sie sich eine neue Waschmaschine angeschafft !
3. Vielleicht macht er sich wegen seines neuen Jobs Sorgen.
4. Vielleicht ist er ein Computerfan geworden.
5. Vielleicht ist Frau Westhoff jetzt wieder gesund.

75 *Transformez selon le modèle :*

Was schreibst du ? Einen Brief ?
Ja, ich bin gerade dabei, einen Brief zu schreiben.

1. Was kochst du ? Eine Erbsensuppe ?
2. Was nimmst du auf ? Das ganze Konzert ?
3. Was bastelst du ? Ein elektronisches Gerät ?
4. Was ißt du ? Eine Kirschtorte ?
5. Was liest du ? Einen Krimi ?

76 *Faut-il mettre ou ne pas mettre « **zu** » devant l'infinitif ?*

1. Du brauchst doch nicht ständig an deine Prüfung ... denken. - **2.** Wir müssen in den Ferien ... arbeiten. - **3.** Wir helfen den Tisch ... decken. - **4.** Hörst du das Auto ... bremsen ? - **5.** Er hat noch sehr viel ... tun. - **6.** Ich gehe bald ... schlafen. - **7.** Laß doch deine Bücher nicht auf dem Küchentisch ... liegen. - **8.** Ist es möglich, ein Semester im Ausland ... studieren ? - **9.** Komm ! Ich helfe dir den Koffer ... tragen. - **10.** Musik ... hören ist für mich immer eine große Freude. - **11.** Er glaubt immer recht ... haben. - **12.** Ich denke morgen ... fahren. - **13.** Wagst du noch, zu mir ... kommen ? - **14.** Er scheint mich erkannt ... haben. - **15.** Ich hoffe, bald eine interessante Stelle ... finden. - **16.** Er bildet sich ein, alles verstanden ... haben. - **17.** Er sieht den Bus ... verschwinden. - **18.** Der Junge lernt ... schwimmen. - **19.** Er will unbedingt braun ... werden. - **20.** Nachmittags bleibt mein Großvater lange ... liegen.

Les verbes de modalité

pages 40-42

77 *Choisissez, pour chacune des phrases ci-dessous, le verbe de modalité qui convient.*

1. Ich bin Diabetiker : ich **darf** / **soll** / **muß** keine Schokolade essen.

2. **Soll** / **Darf** / **Kann** ich Sie um Ihre Adresse bitten ?

3. Ich schwimme nicht : ich habe Angst. Und du ? **Kannst** / **Sollst** / **Mußt** du schwimmen ?

4. Morgen ist mein Urlaub zu Ende. Übermorgen **will** / **soll** / **muß** ich ins Büro.

5. **Können** / **Mögen** / **Dürfen** Sie mir bitte Feuer geben ?

6. Was **will** / **muß** / **soll** das heißen ? Ich verstehe nicht.

7. Herr Müller **kann** / **darf** / **muß** sich einen neuen Wagen kaufen. Aber er hat kein Geld.

soll **will**
8. Ich **möchte** gern in Deutschland studieren. Aber leider **mag** ich
will **kann**
sehr wenig deutsch.

können
9. Übernachten Sie hier? Wir **sollen** Ihnen das Zimmer 4 geben.
mögen

dürfen **müssen**
10. Wenn Sie Stewardess werden **können**, **mögen** Sie drei Sprachen
wollen **können**
mögen.
können.
wollen.

Kannst **mag**
11. **Willst** du Bier trinken? Nein, ich **darf** jetzt kein Bier.
Sollst **soll**

soll
12. Ich **mag** Kirschen gern.
darf

will
13. Er verbringt seine Ferien in Deutschland, aber **kann** er deutsch?
darf

muß
14. An der Tankstelle **will** man nicht rauchen.
darf

dürfen
15. Kommt! Setzt euch! Wir **mögen** essen.
wollen

kann
16. Was! Schon 7 Uhr! Ich **muß** jetzt gehen!
darf

Können
17. **Müssen** Sie mir sagen, wie ich zum Marktplatz komme?
Sollen

möchtest
18. Du **solltest** jetzt gehen, dein Bus fährt in fünf Minuten.
wolltest

19. Ohne die Rechenmaschine **kann** / **darf** / **soll** ich diese Aufgabe nicht lösen.

20. Was **müssen** / **möchten** / **dürfen** Sie trinken? Ein Bier oder eine Cola?

21. In der Stadt **darf** / **muß** / **will** man nicht schneller als 50 km fahren.

22. Was **könnt** / **wollt** / **müßt** ihr denn? In die Stadt gehen oder in den Wald fahren?

23. Habt ihr noch nicht gegessen? Ihr **sollt** / **wollt** / **müßt** Hunger haben.

24. Renate, sag deinem Bruder, daß er sofort zu Tisch kommen **mag** / **darf** / **soll**.

25. Ich habe keinen Wagen mehr. Ich **muß** / **mag** / **soll** jeden Tag mit dem Bus ins Büro fahren.

26. Entschuldigen Sie bitte! **Müssen** / **Sollen** / **Dürfen** wir kurz stören?

78 *Comment le dire autrement? Exprimez l'idée contenue dans ces phrases en utilisant soit **sollen** soit **wollen**.*

1. Vati behauptet, er habe noch nie von meinen Ferienplänen gehört.
2. Es heißt, er sei zwei Tage früher als vorgesehen abgereist.
3. Man erzählt, Paul habe das Geld geschenkt bekommen.
4. Es ist zu hören, die Opposition werde die nächsten Wahlen gewinnen.
5. Die Regierung behauptet, die wichtigsten Reformen eingeführt zu haben.

79 *Traduisez en employant des verbes de modalité.*

A. 1. Faut-il que je mette le couvert ? **2.** Je vais mettre le couvert. **3.** Je peux mettre le couvert si tu veux.
B. 1. Tu ne peux pas téléphoner d'ici. **2.** Faut-il que je téléphone d'ici ? **3.** Je voudrais téléphoner d'ici. **4.** Il a peut-être téléphoné.
C. 1. Pourvu qu'il vienne ! **2.** Il prétend être venu. **3.** Il doit être venu. **4.** Il a l'intention de venir.
D. 1. Cela devrait être vrai. **2.** Cela pourrait être vrai. **3.** Il paraît que c'est vrai.

80 ***Wissen... ou können... ?***

1. .... du, ob dein Bruder schon schwimmen ....?
2. Ich .... nicht, ob ich morgen früh mitfahren ....
3. .... Sie mir bitte sagen, wo die Post ist ?
4. .... Sie, wo die Bank ist ?
5. .... du französisch ?
6. .... dein Vater schon davon ?
7. Ich .... nicht genau sagen, ob alles stimmt.
8. .... du was ? Wir .... heute nachmittag zusammen bummeln gehen !
9. .... du mitkommen ? Ach ! Ich .... es noch nicht.
10. Wer will, der ....

Le passif

page 43

81 *Mettez les phrases suivantes au passif en respectant le temps proposé.*

1. Die Polizei kontrollierte alle Passagiere.
2. Er hat mich ständig unterbrochen.
3. Die Presse veröffentlichte sein Foto.
4. Die Einbrecher fanden das Geld und die Schmucksachen.
5. Die Werbung hat diese neue Zigarettenmarke popülär gemacht.
6. Der Vater wird den Sohn am Flughafen abholen.
7. Die Firma Hösch kündigte drei Gastarbeitern.
8. Die Mutter schickte den Jungen alle zwei Monate zu den Großeltern.
9. Das Radio verbreitet schlechte Nachrichten.
10. Der Autofahrer verletzte drei Fußgänger.

82 *Mettez les phrases suivantes au passif :*

1. Ein Journalist hat einen objektiven Artikel geschrieben.
2. Die Polizei hat den Dieb festgenommen.
3. Der Gast bestellt ein Glas Bier.
4. Meine Mutter wird das Mittagessen kochen.
5. Die Tante versorgte die Kinder.
6. Unsere Nachbarn haben uns zu Weihnachten eingeladen.

7. Die Eltern haben die Kinder am Bahnhof abgeholt.
8. Man hat das Land erobert.
9. Man tanzt.
10. Die Hausverwalterin nahm die neuen Mieter unfreundlich auf.

83 *Traduisez :*

1. On boit beaucoup de bière en Allemagne.
2. On construit un nouvel hôpital dans la commune.
3. La nouvelle a été annoncée à la télévision.
4. Trois personnes ont été blessées.
5. On a beaucoup parlé de la R.D.A.
6. On va ranger maintenant.
7. On fume trop ici.
8. Le chat a été écrasé par une voiture.
9. L'avion a été détourné au Liban.

84 *Transformez les phrases au passif selon le modèle :*

Man verbraucht zu viel Heizöl.
Es wird zu viel Heizöl verbraucht.

Attention ! L'auxiliaire ***werden*** *s'emploie au pluriel quand le sujet réel est au pluriel.*

1. Man ißt zu viel Fett.
2. Man treibt nicht genug Sport.
3. Man raucht zu viel.
4. Man trinkt in Deutschland zu viel Bier.
5. Man spart zu wenig.
6. Man sieht viel fern.
7. Man fährt zu viel Auto.
8. Man geht zu spät ins Bett.
9. Man verwendet zu viel Waschpulver.
10. Man verschwendet zu viel Wasser.
11. Man nimmt zu viele Tabletten.
12. Man gibt zu viele Devisen im Ausland aus.

85 *Lisez attentivement les structures verbales qui vous sont proposées et cochez la (ou les) lettre(s) correspondant à la forme verbale employée dans le modèle.*

Modèle : Heute wird getanzt.
Heute wurde getanzt.

1. Die Rechnung
   - **a.** haben wir schon bezahlt.
   - **b.** wollen wir bezahlen.
   - **c.** wird vom Chef bezahlt.

2. Die Arbeit
   - **a.** werden wir machen.
   - **b.** wird heute noch gemacht.
   - **c.** haben wir gemacht.

3. Es
a. ist verboten zu rauchen.
b. wird geraucht.
c. wurde geraucht.

4. Der Brief
a. wurde von Giselas Brieffreundin geschrieben.
b. ist noch nicht geschrieben.
c. ist noch zu schreiben.

5. Diese Kinder
a. werden wir streng erziehen.
b. werden von ihren Eltern streng erzogen.
c. haben wir streng erzogen.

6. Hier
a. wird deutsch gesprochen.
b. werden wir deutsch sprechen.
c. kannst du deutsch sprechen.

7. Das Haus
a. wird von einem Arzt verkauft.
b. wurde von einem Arzt verkauft.
c. ist zu verkaufen.

8. Von wem
a. wurde das Buch geschrieben ?
b. ist das Buch ?
c. ist die Rede ?

86 *Entourez le ou les numéro(s) des phrases qui vous semblent « synonymes » de la phrase soulignée.*

A In Deutschland trinkt man viel Bier.

1. In Deutschland habe ich viel Bier getrunken.
2. In Deutschland werde ich viel Bier trinken.
3. In Deutschland wird viel Bier getrunken.

B Heute abend wird Karten gespielt.

1. Heute abend spielen Sie Karten.
2. Heute abend spielen wir Karten.
3. Heute abend spielt ihr Karten.

C Jetzt wird geschlafen !

1. Schlaft jetzt !
2. Wir haben gut geschlafen.
3. Wir wollen nicht mehr schlafen.

D Das Kind wurde von seinem Großvater am Bahnhof abgeholt.

1. Das Kind hat den Großvater am Bahnhof abgeholt.
2. Der Großvater wird das Kind am Bahnhof abholen.
3. Der Großvater holte das Kind am Bahnhof ab.

E Ein Mercedes kann nicht von armen Leuten gekauft werden.

1. Arme Leute können sich keinen Mercedes kaufen.
2. Ein Mercedes wird nicht von armen Leuten gekauft.
3. Arme Leute wollen sich keinen Mercedes kaufen.

F Das Haus ist nicht zu verkaufen.

1. Das Haus kann man nicht kaufen.
2. Das Haus kann nicht verkauft werden.
3. Das Haus ist noch nicht verkauft.

La déclinaison du groupe nominal

pages 60, 61

87 *Dans les phrases suivantes, soulignez les groupes nominaux dont la fonction est sujet ou attribut.*

1. Franz ist der älteste Schüler in der Klasse.
2. Seine Pflicht will der Junge ja gar nicht erfüllen.
3. Es kommen viele Leute hier aus Berlin.
4. Ursula Böhmann scheint die beste Schauspielerin zu sein.
5. Die Russen sind oft die Besten bei der Weltmeisterschaft.

88 *Dans les phrases suivantes, soulignez les groupes nominaux prépositionnels ou non à l'accusatif.*

1. Das Baby ist einen Monat alt. Es weint die ganze Zeit.
2. Der Kranke findet keine Ruhe.
3. Jeden Morgen werde ich sehr früh wach.
4. Er hat das Mädchen gefragt, ob es mit ihm ins Kino ginge.
5. Du kannst ja ohne deinen Freund hingehen !

89 *Dans les phrases suivantes, soulignez les groupes nominaux prépositionnels ou non au datif.*

1. Diesem arroganten Kerl will ich es mal zeigen !
2. Ich danke den Kindern für ihre Aufmerksamkeit.
3. Der Zug nähert sich der Grenze.
4. Er bleibt seinen ursprünglichen Stellungnahmen treu.
5. Er wohnt hier bei mir in der Nähe.

90 *Dans les phrases suivantes, soulignez les groupes nominaux au génitif.*

1. Während des Krieges sind viele Städte zerstört worden.
2. Statt dessen ist er seiner Sache sicher.
3. Mein Vater ist der Meinung, daß ich weiterstudieren solle.
4. Trotz der ökonomischen Schwierigkeiten und der Ölkrise wollen die Leute ihre Lebensgewohnheiten nicht ändern.
5. Bring mir bitte ein Glas warmer Milch.

L'article défini

page 61

91 *Complétez le texte suivant par l'article défini qui convient.*

1. .... Zug steht schon seit ein paar Minuten auf Gleis 3. **2.** .... Reisenden verteilen sich in **3** .... verschiedenen Abteile. Sie stellen **4.** .... Köffer in **5.** .... Gepäcknetz. **6.** .... meisten Leute warten ungeduldig auf **7.** .... Abfahrt **8.** .... Zuges und schauen ständig auf **9.** .... Uhr. **10.** .... Schaffner gibt Auskunft und hilft **11.** .... unsicheren Reisenden. **12.** .... Lautsprecher kündigt an : „Achtung, Gleis 3 **13.** .... Zug nach Altona fährt sofort ab! Bitte Türen schließen." Da kommt plötzlich jemand **14.** .... Treppe herauf.

92 *De quel genre sont ces mots en allemand ?*

1. le journal - **2.** le soleil - **3.** la table - **4.** la lune - **5.** l'enfant - **6.** la valise - **7.** le pain - **8.** le livre - **9.** le téléphone - **10.** la télévision.

Les déterminatifs

pages 61-64

93 *Complétez puis encadrez les marques du nominatif.*

1. D...... Buch da ist interessant ! Welch...... Buch ?
2. D...... Rock da ist aber schick ! Welch...... Rock ?
3. D...... Hose da ist billig ! Welch...... Hose ?
4. D...... Kleid da ist praktisch ! Welch...... Kleid ?
5. D...... Hemd da ist schön ! Welch...... Hemd ?
6. D...... Anzug da ist Klasse ! Welch...... Anzug ?
7. D...... Bluse da ist augenblicklich große Mode ! Welch...... Bluse ?
8. D...... Mantel da ist schön warm ! Welch...... Mantel ?

94 *Complétez puis encadrez les marques de l'accusatif.*

1. Welch...... Buch kaufst du ? D...... englische oder d...... französische ?
2. Welch...... Rock ziehst du an. D...... roten oder d...... weißen ?
3. Welch...... Hose probierst du an ? D...... schwarze oder d...... graue ?
4. Welch...... Kleid hast du lieber ? D...... blaue oder d...... weiße ?
5. Welch...... Hemd kaufst du ? D...... weiße oder d...... hellblaue ?

6. Welch...... Anzug möchtest du? D...... ersten oder d...... zweiten?
7. Welch...... Bluse nimmst du? D...... grüne oder d...... blaue?

95 *Complétez.*

Ex. : Was möchtest du trinken? Bier? Gib mir bitte ein Bier.

Was möchtest du trinken? Gib mir bitte

1. Coca? ....
2. Apfelsaft? ....
3. Tee? ....
4. Kaffee? ....
5. Schokolade? ....
6. warme Milch? ....
7. Schnaps? ....
8. Grog? ....

96 *Complétez par la marque qui convient.*

Gehört dieses Buch

1. dein... Tante?
2. dein... Bruder?
3. dein... Eltern?
4. dein... Freund?
5. dein... Freundin?
6. dein... Freunden?
7. dein... Enkelkind?

Helfen Sie doch bitte

A. d...... Dame!
B. d...... Kindern!
C. d...... Mutter!
D. d...... Herrn!
E. d...... Kind!
F. d...... Jungen!
G. d...... Mädchen!

97 *Transformez selon le modèle :*

Gehört der Wagen deinem Freund? Ja, es ist der Wagen meines Freundes.

1. Gehört das Surfbrett deinen Freunden?
2. Gehört das Haus deinen Großeltern?
3. Gehört das Moped dem Hausbesitzer?
4. Gehört der Plattenspieler dem Jungen?
5. Gehört der Pullover deiner Schwester?

98 *Transformez selon le modèle :*

Die Dame möchte Tee. Der Ober bringt der Dame Tee.

1. Das Kind möchte Orangensaft.
2. Der Junge möchte Bier.
3. Die Touristen möchten Tomatensaft.
4. Die Engländerin möchte Zucker.
5. Der Kranke möchte Pfefferminztee.

99 *Construisez, avec les éléments qui vous sont donnés, des phrases selon le modèle suivant :*

Dort ist ein Wagen. Ich sehe den Wagen. Der Wagen gehört meinem Freund. Es ist der Wagen meines Freundes.

1. Laden - Verwandte.
2. Apotheke - Nachbar.
3. Haus - Eltern.
4. Café - Bruder.

100 *Transformez selon le modèle :*

Wie findest du meinen Wagen ? Ach ! das ist dein Wagen !

1. Wie findest du meine Freundin ? - **2.** Wie finden Sie ihren Mann ? - **3.** Wie findest du seine Brille ? - **4.** Wie finden Sie meine Nachbarn ? - **5.** Wie findest du meinen Plattenspieler ?

Les adjectifs possessifs

pages 62, 63

101 *Complétez :*

1. Sind das I......... Kinder ? - **2.** Wie gefällt dir m......... Wohnung ? - **3.** Ist das d......... Bier ? - **4.** Sucht er s......... Zigaretten ? - **5.** Ich hole dir d......... Brille. - **6.** Bringen Sie der Dame i......... Regenschirm. - **7.** E......... Hund ist nicht da. - **8.** Wie gefällt euch u......... Garten ? - **9.** Zeig mir bitte d......... Tennisschläger. - **10.** U......... Wohnung ist nicht sehr groß.

102 ***sein**... ou **ihr**...*

1. Gehört der Hund Herrn Glück ? Ja, das ist .... Hund.
2. Gehört die Pfeife Opa ? Ja, ...
3. Gehört diese Jacke Ihrem Vater ? Ja, ...
4. Gehört das Kopftuch Frau Rasch ? Ja, ...
5. Gehört die Stereoanlage deiner Schwester ? Ja, ...

103 *Complétez :*

Ex. : Schickst du mir dein Foto ? Ja, ich schicke es dir.

1. Bringen Sie mir die Post ? Ja, ...
2. Geben Sie mir Ihren Koffer ? Ja, ...
3. Kaufst du mir die beiden Platten ? Ja, ...
4. Schreibst du mir seine Telefonnummer ? Ja, ...
5. Zeigen Sie mir Ihren neuen Computer ? Ja, ...

104 *Complétez :*

1. Kinder ! Habt ihr .... Sachen ? - **2.** Es regnet. Ich nehme .... Mantel und .... Regenschirm. Und du ? Willst du .... Regenschirm mitnehmen ? - **3.** Peter hat gestern abend .... Mütze hier vergessen, und Brigitte hat .... Handschuhe liegenlassen - **4.** Weißt du was ? Wir verbringen .... Ferien auf einer Insel. Herr Meier und .... Frau fahren mit ; vielleicht kommt auch noch .... Tochter mit. - **5.** Hallo ! Wir machen eine Party ; ihr bringt alle .... Platten mit. Christa bringt .... Plattenspieler und Jörg .... Kassetten.

105 *Complétez :*

1. Herr Fricke verkauft .... Wagen. - **2.** Frau Metz kauft .... Hund ein Stück Fleisch. - **3.** Die Kinder bringen .... Freunden Pralinen. - **4.** Der Vater erklärt .... Sohn einen schwierigen Text auf Englisch. - **5.** Herr Letz hat .... Brille und .... Hut im Auto liegenlassen.

106 *Faites la liste des objets appartenant à chacun des personnages.*

WEM GEHÖRT WAS ?

PETER ? ← → MARIANNE ?

1. Seine Hose.
2. Ihre Jeans.
3. Ihr Fotoapparat.
4. Seine Windjacke.
5. Ihr Mantel.
6. Sein Hemd.
7. Seine Schuhe.
8. Ihre Schultasche.
9. Ihr Füller.
10. Sein Anorak.

107 *Mettez l'adjectif possessif qui convient.*

,,Ursula, ist es **1**. . . . . Mantel'' fragt die Mutti? ,,Nein, es ist nicht **2**. . . . . Mantel'', antwortet Ursula. ,,Ich habe **3**. . . . . Mantel hier auf den Stuhl gelegt.'' ,,Gefällt Ihnen **4**. . . . . Haus'', fragen Herr und Frau Stilz. ,,Jawohl, aber es gefällt **5**. . . . . Mann nicht'', antwortet Frau Sperren. ,,Wie alt ist denn **6**. . . . . Wagen, Herr Götz?'' ,,Ach. Ich habe keine Ahnung.'' ,,Rolf! Ist es **7**. . . . . Schwester?'' ,,Ja das ist **8**. . . . . jüngere Schwester.'' ,,Ist das **9**. . . . . Freundin Herr Kohl? Sie ist wirklich sehr hübsch.'' ,,Verkaufen Sie **10**. . . . . Motorrad?'' ,,Nein, **11**. . . . . Motorrad will ich behalten.'' ,,Willst du **12**. . . . . Volkswagen nehmen? Ich brauche ihn nicht.''

108 *Dites ce que vous lavez en employant l'adjectif possessif qui convient.*

Heute wird gewaschen. Ich wasche :

von mir

1. die Bettwäsche
2. der rote Waschlappen
3. die schwarzen Socken

von dir

4. das blaue Handtuch
5. die nagelneue Hose
6. das weiße Hemd

von Vati

7. das grüne Hemd
8. der weiße Kittel
9. der dunkelblaue Pullover

von Mutti

10. das rote Kleid
11. die schwarze Strumpfhose
12. die blaue Bluse
13. der schwarze Rock.

Les pronoms possessifs

page 89

109 *Reliez au moyen d'une flèche les phrases qui vont ensemble.*

A. Heinz hat auch einen Opel.
B. Giselas Eltern sind jung.
C. Sind eure Nachbarn nett?
D. Gehört dieses Mofa dir?
E. Es ist nicht Frau Schmitts Wagen.

1. Ihrer ist grün.
2. Meine sind viel älter.
3. Aber seiner ist schon alt.
4. Unsere sind nicht sympatisch.
5. Ja, es ist meins.

L'adjectif interrogatif

page 63

110 *Complétez par **welcher, welche** ...*

1. Welch... Tag haben wir heute? - **2.** Welch... Wetter? - **3.** Mit welch... Zug seid ihr angekommen? - **4.** Welch... von diesen Häusern würde Sie interessieren? - **5.** Mit welch... Recht verlangen Sie das? - **6.** Welch... Beruf würden Sie mir empfehlen? - **7.** Welch... Fächer magst du am liebsten? - **8.** Auf welch... Weise soll ich das ausdrücken? - **9.** Bei welch... Gelegenheit haben sie das erfahren? - **10.** Welch... ist der Unterschied zwischen Windrose und Windröschen? - **11.** Welch... sind deine Lieblingsstars?

Emploi de l'article défini

page 65

111 *Faut-il mettre un déterminatif ou non? Complétez, s'il y a lieu, par l'article défini qui convient.*

1. Alle ...... Autofahrer müssen einen Führerschein haben.
2. Paris, ... Hauptstadt Frankreichs, ist weltberühmt.
3. Im Bundestag ist ...... Rede von der Arbeitslosigkeit.
4. ...... zwei Drittel der Türken in Deutschland leben seit Jahren dort.
5. Viele Leute reisen lieber mit ...... Wagen als mit ...... Zug.
6. Wollen Sie mit mir ...... Schach spielen?
7. Der Junge, dessen ...... Bruder einen Unfall gehabt hat, fährt sehr vorsichtig.
8. Nicht alle ...... Studenten bringen ihr Studium zum Abschluß.

Groupes nominaux sans déterminatif

page 64

112 *Complétez.*

Möchten Sie Bier? Nein danke, ich trinke kein Bier.

1. Möchten Sie Fleisch? ....
2. Möchten Sie Zigarren? ....
3. Möchten Sie Tee? ....
4. Möchten Sie Aspirintabletten? ....
5. Möchten Sie Jeans? ....

Les masculins faibles

page 66

113 *Complétez en ajoutant les articles définis et les terminaisons qui conviennent.*

1. Der Vater will ...... Jung... die Rechtschreibung beibringen.
2. Könnte ich bitte ...... Pilot... sprechen.
3. Entschuldigen Sie bitte! Ich habe ...... Name... ...... Kommandant... nicht richtig verstanden.
4. Ich habe am Eiffelturm einen japanischen Tourist... getroffen.
5. Im Name... ...... Kommandant... möchte ich Sie hier willkommen heißen.

6. Mit Hilfe ...... Fotograf... habe ich eine tolle Reportage gemacht.
7. ...... Soldat... wurde vorgeworfen, er sei bei der Wache eingeschlafen.
8. Ein Herr name... Schmidt wird am Telefon verlangt.
9. Um Gottes Wille... tu das bitte nicht!
10. Darf ich Ihnen Herr... Polinsky vorstellen?
11. Sagen Sie bitte ...... Herr... mit der blauen Jacke er soll sofort zu mir kommen.
12. Das Schicksal ...... Mensch... ist unvorhersehbar.
13. Das Motorrad ...... Polizist... fährt wahnsinnig schnell.
14. Ich habe ...... Student... ein Zimmer vermietet.
15. Die Artikel dieses Journalist... sind immer höchst interessant.

Déclinaison des noms propres

page 68

114 *Dites la même chose en employant un génitif saxon.*

1. Die Rechenmaschine gehört Gerold. Es ist ....
2. Die Tasche gehört Inge. ....
3. Der Pelzmantel gehört Frau Schlegel. ....
4. Das Segelboot gehört Herrn Sontheimer. ....
5. Diese Platte gehört Thomas. ....

Noms propres géographiques

page 68

115 *Complétez le tableau suivant :*

	Pays	Nationalité	Adjectif
1.		Der Türke	
2.			japanisch
3.	Österreich		
4.		Der Russe	
5.			englisch
6.		Der Europäer	
7.			schweizerisch
8.	Frankreich		
9.		Der Pole	
10.	Amerika		
11.			schottisch
12.		Der Däne	
13.	Finnland		
14.			deutsch
15.	Italien		

Le pluriel des noms

page 69

116 *Mettez au pluriel selon le modèle suivant :*

Wollen Sie nur ein Buch ? - Nein ! Ich möchte mehrere Bücher.

1. ein Brot. - **2.** einen Stuhl. - **3.** eine Briefmarke. - **4.** einen 10 DM Schein. - **5.** ein Kind. - **6.** ein Foto. - **7.** ein Glas. - **8.** ein Taschentuch. - **9.** einen Korb. - **10.** einen Fachmann.

Fonction du groupe nominal

pages 70-86

117 *Complétez les phrases suivantes.*

	Wer ?		*wem ?*	*was ?*
	Der Beamte	gibt	dem Jungen	die Abfahrtszeit.
1.	Der Briefträger	bringt	... Nachbar	... Post.
2.	... Polizist	zeigt	... Französin	... Weg.
3.	... Großmutter	erzählt	... Kindern	... schrecklichsten Geschichten.
4.	... Verkäuferin	holt	... Kundin	... bestellte Kleid.
5.	... Mädchen	kauft	... Freund	... billigsten Bonbons.
6.	... Kind	sagt	... Eltern	... Wahrheit.

118 *Accusatif ou datif ?*

1. Ich möchte d...... Direktor sprechen. - **2.** Er denkt gar nicht mehr an mein... Freundin. - **3.** Herr Stolz dankt sein... Frau für das schöne Geschenk. - **4.** Heute morgen bin ich zufällig ein... Freund begegnet. - **5.** Dieses Kleid gefällt d...... Kundin sehr. - **6.** Dieser Kollege widerspricht m... ständig. - **7.** Ich werde d...... Erinnerung nicht los. - **8.** Dieser Walkmann kostet an d... 100 DM. - **9.** Der Junge vermißt sein... Vater sehr. - **10.** Der Polizist hilft d... Autofahrer.

119 *Quel cas après ces prépositions ?*

1. Wir gehen durch d...... Wald spazieren. - **2.** Er ist gegen d... Baum gefahren. - **3.** Dieses Telegramm ist für d... Direktor. - **4.** Wir warten schon lange auf d... Bus. - **5.** Er hat das ohne mein... Erlaubnis gekauft. - **6.** Peter bittet seinen Vater um d... Erlaubnis, übers Wochenende Motorrad zu fahren. - **7.** Er hat wider mein... Willen gehandelt. - **8.** Ich beschäftige mich mit mein... Briefmarkensammlung. - **9.** Der Journalist soll sofort zu... Feder greifen. - **10.** Mein... Meinung nach, solltest du ein Jahr in Amerika verbringen. - **11.** Hast du den Wein aus d...... Keller geholt ? - **12.** Seit ein... Woche habe ich nichts mehr von Karl gehört. - **13.** Bei dies... Wetter bleibe ich lieber daheim. - **14.** Das Kind schaut zu... Fenster hinaus. - **15.** Nach d...... Essen sehen wir uns eine Videokassette an. - **16.** Vati erzählt stundenlang von sein... Reise nach Aegypten. - **17.** Von unser... Fenster aus haben wir einen wunderschönen Ausblick. - **18.** Anläßlich unser... Aufenthaltes in Mexico haben wir sehr nette Leute getroffen. - **19.** Angesichts d... Schulreform wollen wir einiges noch zusammen diskutieren. - **20.** Während d...... Weihnachtsferien fahren wir ins Gebirge. - **21.** Längs d... Flußes geht ein schöner Wanderweg. - **22.** Trotz d... Abwesenheit unseres Direktors wollen wir den Bericht schreiben. - **23.** Wegen d...... dichten Nebels haben wir vier Stunden gebraucht. - **24.** Inmitten d...... Fußgängerzone finden sehr oft Konzerte statt. - **25.** Trotz d...... schlechten Wetters haben die Bergsteiger vor, den Gipfel zu erreichen.

120 *Aus ou von ?*

1. Der Autor erzählt Geschichten .... der Zeit der Weimarer Republik.
2. Habe ich dir meine Schulden .... letzter Woche bezahlt ?
3. Ich danke Ihnen bestens für Ihren Brief .... 15. März.
4. Hast du zufällig die Zeitung .... gestern noch da ?
5. Diese Dokumente stammen bestimmt .... der Zeit nach 1945.
6. Diese Damenhütchen kommen .... den zwanziger Jahren.
7. Mein Großvater besitzt noch Flugblätter .... den Jahren 1920-1925.
8. Manche Leute tragen Kleider, die .... der Zeit unserer Großmütter stammen.
9. Diese Pralinen sind .... dem letzten Familienfest.
10. Die Werbung .... heute ist ganz anders als vor zwanzig Jahren.

121 *Aus ou vor ?*

1. ...... Protest traten drei Demonstranten in den Hungerstreik.
2. Der Autofahrer sieht ...... lauter Nebel den Baum nicht.
3. ...... diesem Grunde habe ich meinen Vorschlag abgelehnt.
4. Der Hund zittert ...... Kälte.
5. ...... politischen Gründen ist Helmut Schmidt nicht nach Polen geflogen.
6. Am Ende des Konzertes tobte das Publikum ..... Begeisterung.
7. Mein Sohn springt an die Decke ...... Freude : er hat seine Prüfung bestanden.
8. ...... alter Gewohnheit treffen sich drei Ehepaare jeden Mittwochabend zum Kegeln.
9. Meine Schwester hat große Angst ...... dem Hund.
10. ...... purem Egoismus hat er sich zurückgezogen.

122 *Complétez par la préposition qui convient :*

1. Mein Bruder ist krank ; er muß ..... Bett liegen.
2. Gehst du ..... die Post ?
3. Seid ihr ..... Sommer ..... Meer gefahren ?
4. Ich gehe ..... die Stadt einkaufen.
5. ..... Sonntag machen wir eine Wanderung.
6. Waren Sie schon einmal ..... Deutschland ?
7. Wir essen ..... Wohnzimmer und nicht ..... der Küche.
8. Sie fliehen ..... der D.D.R.
9. Die Demonstranten setzen sich ..... die Straßenbahnschienen.
10. Ein paar Briefe lagen ..... dem Schreibtisch.
11. Er schreibt jede Woche ..... seine Eltern.
12. Soll ich Sie ..... Flughafen fahren ?
13. Ich warte schon seit zehn Minuten ..... Bahnhof ..... ein Taxi.
14. Hänge deinen Mantel ..... den Schrank.
15. Setz dich nicht zu nah ..... den Fernseher.
16. Sie fährt ..... der Bahn nach Altona.
17. Die Mutter stellt den Kaffee ..... den Tisch.
18. Sie kommt normalerweise ..... halb sieben ..... Büro zurück.
19. Er wohnt ..... Köln, fährt aber oft ..... Wochenende ..... Heidelberg.
20. Wir bleiben einen Monat ..... der See.
21. Herr Müller bringt jeden Morgen seinen Sohn ..... die Schule und hält ihn ..... der Hand.
22. ..... Ostern werden wir ausnahmsweise nicht ..... die Schweiz fahren.
23. ..... der Nacht ..... Samstag ..... Sonntag sind Einbrecher gekommen.
24. Herr Doktor Höhler ist nicht da ; er ist ..... Urlaub.
25. Der Wagen steht ..... der Tür.

123 *Comment traduire « il y a ».*

1. Combien d'églises y a-t-il à Rome ?
2. Il y a huit jours, j'étais encore à Mexico.
3. Qu'y a-t-il à manger aujourd'hui ?
4. Qu'y a-t-il dans le journal ce matin ?
5. Il y a trois mois que j'habite à Bonn.
6. Y a-t-il encore de la bière au réfrigérateur ?
7. Il y a 60 personnes au restaurant.

124 *Quelle préposition ?*

1. Il chante à tue-tête : Er singt ..... vollem Halse.
2. A la nuit tombante : ..... einbrechender Nacht.
3. Je suis au courant : ich bin ..... dem laufenden.
4. Il parle à voix haute : er spricht ..... lauter Stimme.

5. De tout cœur : ..... ganzem Herzen.
6. En plein air : ..... freiem Himmel.
7. A ma grande surprise : ..... meiner großen Überraschung.
8. Après mûre réflexion : ..... reiflicher Überlegung.
9. Par beau temps : ..... schönem Wetter.
10. De toutes ses forces : ..... allen seinen Kräften.
11. Il écrit de la main gauche : er schreibt ..... der linken Hand.
12. Mot à mot : Wort ..... Wort.
13. A ce prix : ..... diesem Preis.
14. La fenêtre ouverte : ..... offenem Fenster.
15. Le cas échéant : ..... Umständen.

Groupe prépositionnel de lieu

pages 75, 76

125 *Complétez le tableau suivant en ajoutant la préposition qui convient et l'article s'il y a lieu.*

	Ich gehe	Ich bleibe zwei Stunden	Ich komme
1.	... Hause	... Hause	...... Hause
2.	... Theater	... Theater	... dem Theater
3.	... Museum	... Museum	... Museum
4.	... meiner Freundin	... meiner Freundin	... meiner Freundin
5.	...... Fußgängerzone	...... Fußgängerzone	...... Fußgängerzone
6.	... Bahnhof	... Bahnhof	... Bahnhof
7.	...... Bank	...... Bank	...... Bank
8.	...... Markt	...... Markt	.... Markt
9.	... Zahnarzt	... Zahnarzt	... Zahnarzt
10.	...... Blumengarten	... Blumengarten	...... Blumengarten

126 ***In, im** ou **nach** ?*

1. Du mußt sofort ...... Bett. - **2.** Er lebt seit Jahren ...... Ausland. - **3.** Er will nächste Woche ...... Valparaiso fliegen. - **4.** Bekannte von uns verbringen ihren Urlaub ...... Sizilien. - **5.** Wir bleiben zwei Wochen ...... Rimini, dann fahren wir weiter ...... Florenz. - **6.** Es ist schon spät : ich muß jetzt ...... Hause. - **7.** Er wohnt seit ein paar Jahren ...... New-York. - **8.** Vati ist schon längst ...... Hause gegangen. - **9.** Ich habe null Bock : ich bleibe. ...... Bett. - **10.** Fährst du mit ...... Bonn ?

127 ***zu** ou **bei**?*

1. Horst ist vor zwei Monaten ...... seinen Großeltern gezogen. - **2.** Er wohnt also seit zwei Monaten ...... ihnen. - **3.** Wie komme ich am schnellsten ...... Bahnhof? - **4.** Ich muß geschwind ...... Herrn Meyer. - **5.** Ich bleibe nur kurz ...... ihm. - **6.** Peter hat Fieber : er bleibt heute ...... Hause. - **7.** Willst du nicht heute abend ...... mir kommen? - **8.** Du brauchst doch nicht so lange ...... deinen Freunden zu bleiben! - **9.** Er fährt immer mit dem Rad ...... Arbeit. - **10.** Die Straßenbahn fährt bis ...... Universität.

128 *Quelle préposition après **stellen, stehen, sitzen,** etc.?*

1. Er sitzt ..... Fenster. - **2.** Mutti stellt die Gläser .... Tablett. - **3.** Vati saß ..... Fenster und las die Zeitung. - **4.** Die Post liegt noch .... Küchentisch : leg sie bitte lieber .... Kommode. - **5.** Deine alte Mütze hängt .... Garage. - **6.** Häng doch deine Lederjacke .... Schrank. - **7.** Deine Rollschuhe stehen immer ..... Weg. Stell sie doch .... Keller! - **8.** Er setzt sich mit Vergnügen .... neuen Sessel. - **9.** Die Kinder sitzen immer .... Sofa, wenn sie fernsehen. - **10.** Tränen standen ihm .... Augen.

Groupe prépositionnel de temps

pages 77, 78

129 *Complétez :*

1. ..... Februar wollen wir Schi fahren. - **2.** ..... Herbst werden die Blätter in den Gärten zusammenge fegt. - **3.** ..... Weihnachten erwarten wir Besuch aus Spanien. - **4.** ..... 1. ..... 15. September machen wir Urlaub. - **5.** ..... Neujahr schenkt man oft Blumen. - **6.** ..... 19. Jahrhundert reiste man viel weniger als heute. - **7.** Fast alle Geschäfte haben ..... 18 Uhr auf. - **8.** ..... 12 Uhr hört man das Glockenspiel am Rathaus. - **9.** ..... zwei Jahren waren wir sechs Monate in Amerika. - **10.** ..... Beginn des nächsten Jahres wollen wir eine Party organisieren.

130 *Traduire les expressions suivantes en utilisant **heute**.*

1. Ce soir. - **2.** Quel jour sommes-nous? - **3.** A partir d'aujourd'hui. - **4.** De nos jours. - **5.** Ce matin.

131 *Complétez en utilisant* ***um, zu, im, am, an.***

1. ..... Ostern bleiben wir daheim. - **2.** Ich bin ..... ersten Mal hier. - **3.** ..... einem schönen Nachmittag ging ich von zu Hause weg. - **4.** ..... wieviel Uhr soll ich erscheinen ? - **5.** ..... Mitternacht war ich noch wach. - **6.** ..... Frühling ist im Garten viel zu tun. - **7.** ..... Jahre 1949 wurde Adenauer Bundeskanzler. - **8.** ..... 19 Uhr kommen am Fernsehen die Nachrichten. - **9.** ..... Mittwoch gehe ich schwimmen. - **10.** ..... die Mittagszeit sind viele Geschäfte in unserer Stadt geschlossen. - **11.** ..... Sommer mußt du unbedingt zu uns kommen. **12.** ..... Sonntagmorgen trainieren wir regelmäßig.

132 *Traduisez les expressions suivantes en utilisant* ***lange.***

A 1. Il y a longtemps. - **2.** Combien de temps. - **3.** Il est long à ..... - **4.** Depuis longtemps. **5.** Le film dure longtemps.

Traduisez les expressions suivantes en utilisant ***morgen.***

B 1. Demain soir. - **2.** Ce matin. - **3.** demain matin. - **4.** après-demain. - **5.** A demain. - **6.** Demain en huit.

133 *Complétez en utilisant* ***vor, nach, in.***

1. .... einer Woche fahren wir los. - **2.** .... dem Essen wollen wir einen Aperitif trinken. - **3.** Er starb .... vier Jahren. - **4.** .... drei Wochen Urlaub bin ich froh, wieder heimzufahren. - **5.** .... drei Wochen haben die Arbeiter gestreikt. - **6.** .... langen Jahren lebte meine Großmutter noch. - **7.** .... kurzem habe ich einen alten Schulkameraden getroffen. - **8.** .... vier Wochen feiern wir Weihnachten. - **9.** .... Beginn des Konzerts darf man den Saal nicht mehr betreten. - **10.** Heute .... acht Tagen war ich noch in Wien. - **11.** Morgen .... acht Tagen werde ich operiert. - **12.** .... dem Augenblick wo ich die Gefahr sah, war ich fertig.

134 ***Stunde*** *... ou* ***Uhr** ?*

1. Seit einer halben .... warte ich am Schalter. - **2.** Um ein .... mußt du unbedingt zu Hause sein. - **3.** Wieviel .... ist es denn ? - **4.** Meine .... geht nach. - **5.** Wir haben noch eine .... Zeit. - **6.** In einer .... haben wir Mathematik. - **7.** Die Ballet .... beginnt um 18 .... - **8.** Die Fahrt dauert drei .... - **9.** Es ist jetzt drei .... - **10.** Wieviel .... braucht der Zug von Köln bis Paris ?

La rection des verbes

pages 79-86

135 *Complétez :*

1. Kümmere dich bitte ...... das Gepäck! Ich beschäftige mich ...... der Reservierung. - **2.** Wir freuen uns sehr .... Ihren nächsten Besuch. - **3.** Peter freut sich ...... seinen letzten Geschwindigkeitsrekord. - **4.** Ich wehre mich stark ...... die letzten Bestimmungen. - **5.** Ich hatte nicht ...... seiner Beteiligung gerechnet. - **6.** Hast du ...... das Problem nachgedacht? - **7.** Ich möchte nochmals ...... den ersten Punkt zurückkommen. - **8.** Mein Sohn neigt ...... systematischen Opposition. - **9.** Ich zweifle ...... solchen Äußerungen. - **10.** Der Angestellte hofft ...... einen besseren Posten. - **11.** Gib acht ...... deine Marmelade! Sie wird anbrennen! - **12.** Es handelt sich heute ...... ein ganz anderes Thema. - **13.** Haben Sie sich ...... eine Farbe entschieden? - **14.** Sind Sie. ...... Ihrem neuen Mercedes zufrieden? - **15.** Ich richte mich ...... den Umständen. - **16.** Meine Kritik richtet sich in erster Stelle ...... die Außenpolitik der neuen Regierung. - **17.** Arbeiten Sie immer ...... dem selben Projekt? - **18.** Denken Sie doch ...... ihre lieben Kinder. - **19.** Mein Sohn gewöhnt sich nicht ...... die amerikanische Lebensart. - **20.** Haben wir uns ...... den Sinn unserer Handlung geeignet? - **21.** Wollen Sie dieses Jahr ...... dem Studium anfangen? - **22.** Darf ich Sie ...... eine Zigarette bitten? - **23.** Wir sind alle ...... seinem Geburtstag eingeladen. - **24.** Paßt dieser Pullover gut ...... meiner Hose? - **25.** Ich betrachte die Grünen ...... wichtige politische Kräfte.

136 *Complétez par la préposition qui convient.*

1. Denkst du noch .... uns?
2. Verstehen Sie sich gut .... Ihren Nachbarn?
3. Wenden Sie sich bitte .... Herrn Schulte.
4. Was wissen Sie .... diesen Schriftsteller?
5. Goethe zählt .... den berühmtesten deutschen Schriftstellern.
6. Dieses Problem beschränkt sich nicht nur .... die Bundesrepublik.
7. Herr Neumann arbeitet .... seinem Schiff.
8. Das hängt hauptsächlich .... dir ....
9. Sie sollten mehr .... Ihre Gesundheit achten.
10. Das Ministerium hat sich positiv .... dieses Projekt geäußert.
11. Deine Mitarbeit hat .... der Verbesserung der Situation beigetragen.
12. Unsere Freunde beschäftigen sich viel .... ihren Kindern.
13. Unsere Familie besteht .... fünf Kindern.
14. Meine Frage bezieht sich .... das erste Thema Ihres Berichtes.
15. Ich lade euch .... einer Party nächsten Samstag ein.
16. Er hat sich schließlich .... dieser Lösung entschlossen.

17. Dieser Raum eignet sich besonders .... Sport.
18. Darf ich Sie .... Auskunft bitten ?
19. Wir freuen uns schon alle .... die nächsten Ferien.
20. Er erinnert sich nicht mehr .... uns.
21. Er kann sich nicht .... das Landleben gewöhnen.
22. Kümmere dich doch nicht ständig .... ihn.
23. Dieses Buch gilt .... der Bestseller des Jahres.
24. Was erwarten Sie .... ihm ?
25. Es handelt sich .... eine schwierige Frage.

137 *Quelle préposition avec quel verbe ? Plusieurs prépositions peuvent convenir.*

	unter	um	für	vor	gegen	an	auf	nach	von	mit	über	zu	als
1. kämpfen													
2. leiden													
3. passen													
4. neigen													
5. sorgen													
6. sterben													
7. stoßen													
8. teilnehmen													
9. sich verabreden													
10. verfügen													
11. verbinden													
12. streben													
13. fehlen													
14. gelten													
15. halten													
16. hinweisen													
17. empfinden													
18. sich eignen													
19. sich beschränken													
20. betrachten													
21. bewegen													
22. sich bewerben													
23. aufmerksam machen													
24. ankommen													
25. abhängen													

Le pronom personnel page 87

138 *Répondez aux questions selon le modèle.*

Suchst du mich ? Nein, dich nicht.

1. Suchst du uns ? Nein, ... nicht.
2. Suchst du Peter ? Nein, ... nicht.
3. Suchst du Gisela ? Nein, ... nicht.
4. Sucht ihr uns ? Nein, ... nicht.
5. Sucht du Peter und Knut ? Nein, ... nicht.

139 *Transformez selon le modèle.*

Der Film gefällt Herrn und Frau Siemens sehr.	Er gefällt *ihnen* sehr.
1. Der Film gefällt Frau Leder sehr.	Er gefällt .... sehr.
2. Der Film gefält dem Mädchen sehr.	Er gefällt .... sehr.
3. Der Film gefällt den Jungen sehr.	Er gefällt .... sehr.
4. Der Film gefällt dem Touristen sehr.	Er gefällt .... sehr.
5. Der Film gefällt der Freundin sehr.	Er gefällt .... sehr.

140 *Transformez selon le modèle.*

Der Chef ruft die Sekretärin.	Er ruft sie.
1. Die Kundin ruft den Ober.	...... ruft ....
2. Das Mädchen ruft den Hund.	...... ruft ....
3. Max und Horst rufen das Fräulein.	...... rufen ....
4. Tintin ruft Milou.	...... ruft ....
5. Der Junge ruft die Mutter.	...... ruft ..... .

141 *Transformez selon le modèle.*

Der Chef spricht mit seiner Sekretärin.	Er spricht mit ihr.
1. Vati spricht mit seinen Freunden.	...... spricht mit ....
2. Tante Gerda spricht mit ihrer Tochter.	...... spricht mit ....
3. Der Hausmeister spricht mit dem neuen Mieter.	...... spricht mit ....
4. Das Kind spricht mit den Nachbarn.	...... spricht mit ....
5. Der Radfahrer spricht mit dem Polizisten.	...... spricht mit ....

142 *Complétez par le pronom personnel qui convient.*

Hallo, Gisela, wie geht es ...... ? Ich habe lange nichts mehr von ...... gehört. ...... hättest ...... ja schreiben oder ...... schnell anrufen können! Stell ...... das vor! Meine Eltern sind für zwei Wochen fort.

...... unternehmen eine Reise durch ganz Frankreich. ...... habe schon zwei Karten von ...... bekommen. ...... gefällt ...... in Frankreich sehr. Das Essen schmeckt ...... besonders gut. Weißt ...... was? ...... könnten beide, solange meine Eltern weg sind, eine Radtour organisieren. Was würdest ...... dazu sagen? Und wohin wollen ...... denn fahren? Eine Tour am Bodensee würde ...... schon reizen. Vielleicht kannst Du ...... etwas Anderes vorschlagen. Es fehlt ...... nichts. Wir haben ja Fahrräder, Schlafsäcke und ein kleines Zelt. Es genügt ...... ja vollkommen! Wann könnten ...... losfahren? Was wäre ...... lieber? Schreibe ...... bald oder ruf ...... schnell an. Abends bin ...... immer zu Hause. Grüße die ganze Familie von ....

Herzlichst, Deine Karin.

143 *Complétez par le pronom personnel qui convient.*

1. Der Salat ist schlecht. Ich esse ...... nicht.
2. Karl ist krank. Ich bringe ...... eine Tasse Tee ans Bett.
3. Sie haben Durst Frau Meier? Soll ich ...... einen Kaffee machen?
4. Die Zeitung ist zu alt. Ich lese ...... nicht.
5. Ach! Du warst krank? Geht es ...... wieder besser?
6. Die Kinder möchten ein Glas Apfelsaft trinken. Ich bringe ....
7. Die Milch ist sauer. Ich trinke ...... nicht!
8. Ursula braucht Mehl. Franz! Hol ...... bitte das Mehl.
9. Die Musik ist wunderbar! Hörst du ...... ?
10. Ich bin heute abend allein. Lädst du ...... in die Oper ein?
11. Suchst du den Pfeffer? Ich hole .... gleich.
12. Das Bier ist warm! Ich trinke ...... nicht!
13. „Wir spielen Tischtennis. Hörst du ...... Mutti?“ „Ja ja! Ich höre ......“, antwortet die Mutter.
14. „Gehört dieses Buch deinem Freund Jürgen?“ „Ja! ...... gehört ......“
15. „Kommt Vati heute abend mit?“ „Ja, sicher kommt ...... mit!“
16. Ursula hat Schwierigkeiten. Hilf ...... doch!
17. Deine Freunde sind nicht gekommen. Hast du von ...... etwas gehört?
18. „Du sollst deiner Großmutter beim Geschirrspülen helfen.“ „Ja ja, ich helfe ...... schon dabei.“
19. „Jörg! Vati hört ...... nicht. Frag ...... doch bitte, ob ...... schon den Wagen in die Garage gefahren hat,“ sagt Mutti.

Les pronoms adverbiaux

page 88

144 *Complétez par* ***damit, daran, davon ...***

1. .... haben wir nie gedacht.
2. Wir könnten vielleicht .... beginnen.
3. Bist du .... einverstanden ?
4. Wollen Sie noch etwas .... sagen ?
5. Wir haben bis jetzt noch nicht .... gesprochen.
6. .... möchte wir vielleicht schließen.
7. .... warten wir alle schon lange.
8. .... habe ich noch nicht nachgedacht.
9. Es ist nie die Rede .... gewesen.
10. Kannst du dich nicht genauer .... erinnern ?

145 *Remettez de l'ordre dans ces questions.*

1. Wodurch	**A.** sind wir stehengeblieben ?
2. Wogegen	**B.** beschäftigt sich dein Vater in der letzten Zeit ?
3. Wonach	**C.** denkst du ?
4. Wobei	**D.** halten Sie mich ?
5. Womit	**E.** ist heute die Rede ?
6. Woran	**F.** handelt es sich ?
7. Wofür	**G.** haben Sie das erfahren ? Durch die Presse ?
8. Worum	**H.** protestieren Sie denn so stark ?
9. Wovon	**I.** richten Sie sich ?

146 *Complétez par le pronom réfléchi qui convient.*

1. Machen Sie ...... doch keine Sorgen ! - **2.** Kannst du ...... besser kämmen ? - **3.** Jetzt will ich ...... schnell noch duschen. - **4.** Er hat ...... die Zähne geputzt. - **5.** Hat er ...... verloren ? - **6.** Zankt ...... doch nicht ständig ! - **7.** Wir lassen ...... nicht so schnell überzeugen. - **8.** Beeile ...... Du verpaßt ja den Bus ! - **9.** Verlassen Sie ...... auf Ihren Rechtsanwalt. - **10.** Jeder für ......, Gott für alle.

Les pronoms relatifs

page 90

147 *Reliez les deux phrases proposées au moyen du pronom relatif qui convient.*

1. Ed kauft sich einen Gebrauchtwagen. Er ist zwei Jahre alt.
2. Wir besuchen unsere Freunde. Sie wohnen in Köln.
3. Webers wohnen im dritten Stock. Wir sprechen von ihnen.
4. Die junge Frau ist sehr elegant. Ihre schwarze Tasche kommt aus Paris.
5. Der Junge ist mein Freund. Ich war mit ihm im Kino.
6. Die Leute kommen vom Markt. Wir begegnen ihnen.
7. Das Buch ist spannend. Ich lese es.

8. Der Junge ist drei Jahre alt. Er fährt mit dem Roller durch die Wohnung.
9. Die Mieter freuen sich; ihre neue Wohnung ist modern und bequem.
10. Sie verlassen die Baracke gern. Sie wohnen in der Baracke seit ein paar Jahren.
11. Sie finden endlich eine neue Wohnung. Die Wohnung ist größer und moderner.
12. Die Kinder spielen im Hof. Die Nachbarn beschweren sich über sie.
13. Der Lastwagen steht vor der Tür. Sie beladen ihn mit Möbeln.
14. Der Junge freut sich. Sein Zeugnis ist sehr gut.
15. Die Gastarbeiter müssen sehr viel Geld sparen. Ihre Löhne sind nicht sehr hoch.
16. Die Dame ist sehr freundlich. Der Ober bringt ihr Tee.
17. Der Mann ist leichtsinnig. Ihm gehört die Kamera.
18. Siehst du diese Spanierin? Ich habe mit ihr pausenlos getanzt.
19. Der Hund schläft. Ich habe große Angst vor ihm.
20. Das sind Kollegen. Ich arbeite mit ihnen zusammen.

Le pronom interrogatif

pages 90, 91

148 *Wer, wen, wem, wessen? ...*
Complétez par l'interrogatif qui convient.

1. ...... hat angerufen? - **2.** ...... wollen Sie sprechen? - **3.** ...... ist am Apparat? - **4.** An ...... soll ich mich wenden? - **5.** ...... soll ich diesen Brief schicken? - **6.** An ...... denken Sie jetzt? - **7.** ...... Buch ist das? - **8.** ...... Schuld ist es? - **9.** Mit ...... fahren Sie zur Hochzeit? - **10.** ...... von beiden? - **11.** Von ...... reden Sie denn so unfreundlich? - **12.** ...... möchten Sie einladen? - **13.** ...... ist da? - **14.** ...... erwarten wir noch? - **15.** Auf ...... wartest du?

La déclinaison de l'adjectif

pages 92-94

149 *Complétez.*

1. Dieser alt... Teppich ist wertvoll.
2. Der Lehrer erklärt die wichtig... Wörter.
3. Der freundlich... Junge zeigt dem alt ... Herrn den richtig... Weg.
4. Das weich... Leder der braun... Tasche gefällt der Kundin.
5. Dieses neu... Auto gehört dem reich... Unternehmer.
6. Das durstig... Kind trinkt frisch... Wasser und süß... Apfelsaft.
7. Der bellend... Hund stört die vornehm... Kunden des Restaurants.

8. Diese nagelneu... Puppe gehört dem klein... Mädchen mit den lang... Haaren und dem blau... Kleid.
9. Hättest du einen rot... Bleistift?
10. Dieser neu... Roman erzählt von einem jung... Ehepaar.
11. Der ehrlich... Mann bringt die Papiere des fremd... Herrn zur Polizei.
12. In das Haus eines bekannt... Arztes im nächst... Dorf ist diese Woche eingebrochen worden.
13. Die ehemalig... kleinen Läden sind durch riesengroß... Kaufhäuser ersetzt worden.
14. Die Franzosen essen oft frische... Gemüse, grün... Salat und gegrillt... Fleisch.
15. Die Deutschen besitzen viel... verschieden... Brotsorten.
16. Er fährt immer in die falsch... Richtung, wenn er aus dieser klein... Gasse kommt.
17. Das Kind sitzt auf einem alt... Brett vor dem offen... Fenster.
18. Er liest immer schwierig... Bücher mit viel... fremd... Wörtern.
19. Der Vater hilft dem gut... alt... Freund.
20. Bei schön... Wetter unternehmen wir mit unseren best... Freunden eine lang... Wanderung durch die Lüneburger Heide.

Adjectifs précédés de *der* ou *ein*

pages 93, 94

150 *Transformez selon le modèle.*

Wo ist denn der rote Füller? - Hier liegt ein roter Füller.

1. Der schwarze Pullover. - **2.** Das deutsch-französische Wörterbuch. **3.** der neue Fotoapparat. - **4.** die chinesische Zeitschrift. - **5.** das ausgefüllte Formular.

151 *Selon le modèle qui vous est proposé, fabriquez de mini-dialogues en employant les expressions fournies.*

A. Sie suchen den blauen Pullover?
B. Ja, aber ich sehe keinen blauen Pullover.
C. Doch! Hier ist ein blauer Pullover.

1. die blaue Handtasche. - **2.** den alten Regenmantel. - **3.** die grüne Hose. - **4.** das gestreifte Hemd. - **5.** den grünen Filzhut.

152 *Répondez à la question en employant les éléments de réponse qui vous sont donnés.*

Mit wem gehen Sie heute abend aus?
1. eine alte Freundin. - **2.** gute Freunde. - **3.** ein sympatischer Nachbar. - **4.** alte Bekannte. - **5.** ein charmantes Mädchen. - **6.** ein englischer Freund. - **7.** eine nette Französin.

153 *Choisissez la bonne terminaison pour l'adjectif, selon qu'il est ou n'est pas précédé d'un article.*

1. Zeigen Sie mit bitte die neuest... Modelle von Farbfernsehern. - **2.** Diese Firma stellt elektrisch... Geräte her. - **3.** Dieses alt... Fahrrad ist noch in gut... Zustand. - **4.** Eine neu... Ölquelle wurde entdeckt. - **5.** Mutti möchte gern ärztlich... Rat einholen. - **6.** Dieser neu... Computer findet gut... Absatz. - **7.** Das hat er mit kein... Silbe erwähnt. - **8.** Aus technisch... Gründen können wir Sie leider nicht beliefern. - **9.** Der französisch... Wein dieser Gegend ist best... Qualität. - **10.** Das ist alles für meinen persönlich... Gebrauch. - **11.** Kennen Sie hier ein gut... Lokal ? - **12.** Ist es eine ansteckend... Krankheit ? - **13.** Das liegt im öffentlich... Interesse. - **14.** Das alles ist nur bloß... Gerede. - **15.** Heute morgen war stark... Verkehr. - **16.** Die Zahl der Autounfälle steigt in zunehmend... Maße. - **17.** Du falsch... Freund ! - **18.** Welcher intelligent... Bursche ! - **19.** Manche chinesisch... Restaurants sind jeden Tag geöffnet. - **20.** Alle gut... Schüler möchten später studieren.

L'adjectif substantivé

page 94

154 *Transformez selon le modèle*

Wandern ist schön. Ja, wandern ist etwas Schönes.

1. Mathematik ist wichtig. - **2.** Rechtschreibung ist wichtiger. - **3.** Reisen ist fein. - **4.** Englischer Humor ist köstlich. - **5.** Galgenhumor ist schrecklich. - **6.** Rechnen ist einfach. - **7.** Apfelsalft ist ohne Alkohol.

Les degrés de comparaison

pages 94-96

155 *Établissez la comparaison qui convient :*

1. Paris - Köln (groß sein)
2. Wein - Mineralwasser (teuer sein)
3. die Engländer - die Belgier (Tee trinken)
4. die Franzosen - die Deutschen (viel Wurst essen)
5. Der Mont-Blanc - der Mont Rose (hoch sein)

156 *Complétez par la forme du comparatif qui convient :*

1. Je (viel) Autos auf der Autobahn fahren, desto (vorsichtig) soll man fahren.
2. Je (lang) der Film dauert, desto (teuer) sind die Eintrittskarten.
3. Je (günstig) der Wechselkurs steht, desto (viel) Geld geben die Ausländer aus.

4. Je (neu) die Reifen sind, desto (gut) bremst man.
5. Je (wenig) es regnet, desto (schlecht) ist die Ernte.
6. Je (alt) man wird, desto (unbeweglich) wird man.

157 *Employez la forme du superlatif qui convient :*

1. Der Mont-Blanc (hoher Berg).
2. Die ,,Concorde'' (schnelles Flugzeug).
3. Der Wal (großer Fisch).
4. Goethe (bekannter Schriftsteller).
5. Mercedes (teuer Wagen in Deutschland).

158 *Traduire les expressions suivantes :*

1. plus d'une fois. - **2.** le plus souvent possible. **3.** tant mieux. - **4.** faire tout son possible. - **5.** Je préfère. - **6.** de plus en plus. **7.** de mieux en mieux. - **8.** plus ou moins. - **9.** le plus souvent. - **10.** de préférence.

159 *Transformez selon le modèle :*

Ist es nicht schön ? - Doch, das ist das Schönste.

1. Ist es nicht erstaunlich ! - **2.** Ist es nicht gut ? - **3.** Ist es nicht hübsch ? - **4.** Ist es nicht fein ? - **5.** Ist es nicht vernünftig ? - **6.** Ist es nicht nötig ? - **7.** Ist es nicht wichtig ? - **8.** Ist es nicht häufig ? - **9.** Ist es nicht geläufig ? - **10.** Ist es nicht schrecklich ?

160 *Établissez la comparaison selon le modèle suivant :*

Ist es wichtig ? - Wichtiger als man denkt.

1. Ist es warm ? - **2.** Ist es gesund ? - **3.** Ist es dunkel ? - **4.** Ist es teuer ? - **5.** Ist es gut ? - **6.** Ist es hoch ? - **7.** Ist es nah ? - **8.** Ist es viel ? - **9.** Ist es lang ? - **10.** Ist es alt ?

161 *Employez le superlatif selon le modèle suivant :*

Die juristische Fakultät ist alt. Und die medizinische ?
Die medizinische Fakultät ist die älteste.

1. Die zweijährigen Kinder sind süß. Und die dreijährigen ?
2. Die BMW sind schon teuer. Und die Mercedes ?
3. Diese Messer sind schon scharf. Und diese Küchenmesser ?
4. Die französischen Fußballspieler sind gut. Und die deutschen ?
5. Die italienischen Weine sind gut. Und die französischen ?

162 *Employez le superlatif selon le modèle suivant :*

Im Mai sind die Tage schon lang. - Ja, aber im Juni sind sie am längsten.

1. Ich esse gern Kaviar. Ja, aber ich esse .... Gänseleber.
2. Ich trinke viel Bier. Ja, aber ich trinke .... Wein.
3. Den Weißwein vertragen wir gut. Ja, aber den Rotwein vertragen wir ....
4. Der Intercity Zug fährt schnell. Ja, aber der TGV fährt ....
5. Mir geht es schon gut so. Aber .... ginge es, wenn ich jünger wäre.

163 *Répondez selon le modèle :*

Schnell ? Ja, am schnellsten.

1. gut ? - **2.** gern ? - **3.** viel ? - **4.** weit ? - **5.** dringend ?

164 *Répondez aux questions selon le modèle suivant en employant l'adjectif au comparatif.*

Spielen Sie gut Tennis ? - Besser als mein Bruder.

1. Lesen Sie gern Romane ? .... als Krimis.
2. Schmeckt der Tee hier gut ? .... als der Kaffee.
3. Haben Sie jetzt viel Freizeit ? .... als früher.
4. Ist das Restaurant teuer ? .... als ich gedacht hätte.
5. Haben Sie rote Rosen gern ? .... als Tulpen.
6. Sind die Preise hier hoch ? .... als man denkt.

165 *Traduisez ces expressions à l'aide d'un comparatif.*

1. De plus en plus. - **2.** De plus en plus mal. - **3.** Tôt ou tard. - **4.** Bien moins. - **5.** de moins en moins. - **6.** 5 moins 3. - **7.** D'autant plus que. - **8.** Plus rien. - **9.** Plutôt noir que marron. - **10.** C'est mieux.

166 *Traduisez ces expressions à l'aide d'un superlatif.*

1. Très cordialement. - **2.** Tout au plus. - **3.** Ce qu'il y a de mieux. - **4.** A la rigueur. - **5.** En toute hâte. - **6.** Si possible. - **7.** Tout au moins. - **8.** Extrêmement. - **9.** Extrêmement dangereux. - **10.** La plupart du temps. - **11.** Au plus tard. - **12.** Avec mes meilleurs vœux.

L'adverbe

pages 98-102

167 *Dites-le autrement en employant un verbe et un adverbe.*

1. Das Kind hat ein schlechtes Benehmen.
2. Es ist eine lange Fahrt.
3. Das Kind hat eine laute Stimme.
4. Der BMW hat einen großen Benzinverbrauch.
5. Der Autofahrer legt ein tolles Tempo vor.

168 *Dans les phrases suivantes, remplacez le complément de lieu par l'adverbe de lieu correspondant.*

1. Mutti ist auf dem Speicher. - **2.** Vati ist im Keller. - **3.** Die Katze ist vor dem Haus. - **4.** Der Wagen steht hinter dem Haus. - **5.** Die Bäckerei ist auf der anderen Seite der Straße. - **6.** Ich bleibe zu Hause. - **7.** Mein Autoschlüssel ist im Auto.

169 *Dans les phrases suivantes, remplacez les compléments de temps par les adverbes de temps correspondants.*

1. Vor zwei Tagen war ich in Belgien. .... war ich in Belgien.
2. Vor zwanzig Jahren war das Brot billiger. .... war das Brot billiger.
3. In den nächsten Tagen fahren wir in Urlaub. .... fahren wir in Urlaub.
4. In 48 Stunden werden wir wieder daheim sein. .... werden wir wieder daheim sein.
5. In Zukunft werde ich es nicht wiederholen. .... werde ich es nicht wiederholen.
6. Wir gehen jeden Tag schwimmen. Wir gehen .... schwimmen.
7. Die Steuer wird jeden Monat abgesetzt. Die Steuer wird .... abgesetzt.
8. Die ganze Familie trifft sich einmal im Jahr. Die ganze Familie trifft sich einmal ....
9. Die Theater sind einmal in der Woche geschlossen. Die Theater sind einmal .... geschlossen.
10. In New-York sind einige Geschäfte die ganze Zeit geöffnet. In New-York sind einige Geschäfte .... geöffnet.

Conjonctions de coordination

page 103

170 *Complétez le texte par les conjonctions qui conviennent :* ***aber, denn, und, sondern.***

1. Jürgen tanzte mit Renate, ... die anderen Jungen folgten den beiden. - **2.** Alle haben irgendwelche Probleme, ... wir können sie leider nicht lösen. - **3.** Ich glaube nicht an die Zukunft ..... an die Gegenwart. - **4.** Ich wollte gestern abend fofografieren, ... es war schon zu dunkel. - **5.** Im Februar wurde ich dreißig ..... meine Mutter gratulierte herzlich. - **6.** Am Neujahrsmorgen frühstücken wir immer spät, ... wir sind auch spät ins Bett gegangen. - **7.** Vati wunderte sich, ... er hatte noch keine Antwort von mir bekommen. - **8.** Ich wollte meiner Mutter helfen ; es war ihr ..... nicht recht und ich ließ es sein, ... ich wollte vor allem keinen Streit haben. - **9.** Die Wohnung ist sauber, ... es riecht scharf, ... fünf Katzen leben darin.

La subordonnée relative

page 104

171 ***Worüber schimpft unser Nachbar bei jeder Gelegenheit?***
Énumérez tous les motifs de mécontentement de ce voisin grincheux en utilisant des pronoms relatifs.

1. über den Hund : er ist zu groß für unsere kleine Wohnung.
2. über die Kinder : sie machen zu viel Lärm.
3. über das Auto : es macht morgens beim Start zu viel Krach.
4. über die Nachbarin : sie ist ständig betrunken.
5. über den Jungen : er ruft durch das ganze Haus nach seiner Katze.

Les subordonnées complément d'objet

pages 104, 105

172 **Was sagt Mutti von ihrem Sohn?**
Répondez en utilisant des subordonnées complément : ***Mutti sagt, daß...***

1. Ich kann nicht mehr mit dir reden.
2. Du beteiligst dich so gut wie überhaupt nicht mehr am Unterricht.
3. Du hast keine Freunde mehr.
4. Du bastelst gar nicht mehr.
5. Du sitzt bloß herum und hörst deine verrückte Musik zu.
6. Du reagierst manchmal ganz unverständlich.
7. Du bist gegen alles.

173 *Répondez aux questions suivantes selon le modèle :*

Ist Herr Fuchs mit seiner Sekretärin zufrieden? Ich habe ihn nicht gefragt, ob er zufrieden ist.

1. Ist bei Herrn Kaufmann alles in Ordnung?
2. Haben Schmitts schon bestellt?
3. Hat Frau Sommer ihren Flug schon gebucht?
4. Ist Herr Witt schon in Hong-Kong gewesen?
5. Hat die Sekretärin das Telex geschickt?

174 *Transformez selon le modèle :*

Ich bin da! - Ein Glück, daß du da bist!

1. Ich habe im Lotto gewonnen.
2. Ich habe meine Prüfung bestanden.
3. Ich habe einen Job gefunden.
4. Mir ist nichts Schlimmes passiert.
5. Ich habe meine Autopapiere wiedergefunden.

175 *Transformez selon le modèle :*

— Willst du ins Kino gehen? - Ich überlege gerade, ob ich ins Kino gehen soll.

1. Willst du dir eine Stereoanlage anschaffen?
2. Willst du dein Zimmer mit dieser Tapete tapezieren?
3. Willst du den Arzt sofort anrufen?
4. Willst du ins Hochhaus mit Einzimmerwohnungen umziehen?
5. Willst du mir die gewünschten Medikamente sofort besorgen?

176 *Transformez les interrogatives directes en interrogatives indirectes en employant **« ich möchte gerne wissen ».***

1. Wie hat er meine Adresse bekommen?
2. Warum fährst du nicht mit der Bahn zurück?
3. Wem hast du das versprochen?
4. Wann fährt der nächste Zug nach Hannover ab?
5. Wozu hat er so viel Geld ausgegeben?

177 *Choisissez, parmi les conjonctions ci-dessous, celle qui convient pour chacune des phrases proposées.*

obwohl, weil, als ob, ohne daß, sodaß, wie, wenn, als, so ... wie, da, so ... daß

1. ...... sein Wagen alt ist, fährt er noch gut.
2. Ich bin schnell eingeschlafen, ... ich sehr müde war.
3. Ich will heute abend zu Hause bleiben, ... im Fernsehen ein Krimi läuft.
4. ...... er sehr spät ins Bett gegangen ist, muß er um 6 Uhr aufstehen.
5. Ich habe dich nicht gegrüßt, ... ich dich nicht gesehen habe.
6. Dieser Film hat mir ...... gut gefallen, ... ich ihn zweimal gesehen habe.
7. Es hat ...... stark geschneit, ... die Autos nicht weiterfahren konnten.
8. Hast du gesehen, ... schnell er davon gelaufen ist!
9. Ich will nicht in die Ferien fahren, ... Rudi mir seine Schulden zurückgezahlt hat.
10. ...... ich Geld hätte, würde ich einen neuen Wagen kaufen.
11. Siehst du, ... unvorsichtig er über die Straße geht?
12. Sie kümmert sich um ihn, ... sie seine Mutter wäre.
13. ...... du ihm öfters geschrieben hättest, hätte er dich vielleicht nicht vergessen.
14. Er sieht müde aus, ... wäre er krank.
15. Italien ist ja ...... schön, ... du es mir erzählt hast.
16. ...... ich nicht zu müde bin, komme ich noch vorbei.

17. Die Fahrt war viel teurer ...... ich es mir vorgestellt hatte.
18. ...... die Straßen nicht glatt sind, nehmen wir den Wagen. Sonst fahren wir mit dem Zug.
19. Der Verletzte wurde sofort ins Krankenhaus gebracht, ... er gerettet wurde.
20. Das Buch hat mir besser gefallen ...... dir.

Les subordonnées circonstancielles

pages 105, 106

178 *Reliez les deux phrases en employant une subordonnée circonstancielle de cause **(weil)**.*

1. Vati sieht heute abend fern. Es gibt einen Western mit Henri Fonda.
2. Mutti sitzt im Wagen immer hinten. Sie hat Angst, vorne zu sitzen.
3. Uhlmanns fahren in Urlaub nach Spanien. Sie wollen sicher sein, Sonne zu finden.
4. Herr Köhler achtet auf die Geschwindigkeitsbegrenzung. Er will keinen Strafzettel bekommen.
5. Vati raucht nicht mehr so viel. Er hat Angst vor Lungenkrebs.

179 *Reliez les deux phrases en employant une subordonnée circonstancielle de cause **(da)**.*

1. Fraülein Lugner hat Jura studiert. Sie sucht eine Stelle bei einem Rechtsanwalt.
2. Wir verdienen jetzt mehr Geld. Wir können uns einen Aufenthalt im Hotel leisten.
3. Wir haben uns ein Landhaus bauen lassen. Wir brauchen nicht mehr für die Ferien etwas zu mieten.
4. Wir werden nächstes Jahr pensionniert. Wir wollen uns auf unser Landgut zurückziehen.
5. Unsere Kinder lernen alle deutsch. Wir verbringen sehr oft unsere Sommerferien in Deutschland.

180 *Reliez les deux phrases en employant une subordonnée circonstancielle de concession **(obwohl)**.*

1. Ich war schwer erkältet. Ich ging dennoch ins Büro.
2. Sie ist sehr begabt. Sie ist bei der Prüfung durchgefallen.
3. Ich bin rechtzeitig von zu Hause weggegangen. Ich habe den Zug verpaßt.
4. Ich will drei Kilo abnehmen. Ich esse viel Schlagsahne und Süßigkeiten.
5. Der Hund schien harmlos zu sein. Er hat mich ganz schön gebissen.

181 *Reliez les deux phrases en employant une subordonnée circonstancielle de but **(damit)**.*

1. Wir fahren jeden Sonntag an die See. Die Kinder entspannen sich wirklich.
2. Wir wollen intensiv trainieren. Wir gewinnen mit Sicherheit das nächste Fußballspiel.
3. Wir sparen viel Geld. Wir schaffen uns eine große Wohnung an.
4. Wir reisen durch die ganze Welt. Die Kinder finden Gefallen an einem abenteuerlichen Leben.
5. Er arbeitet sehr viel. Er will sein Examen bestehen.

182 *Complétez en choisissant l'une des conjonctions de subordination suivantes :*

bevor, indem, je ... desto, nachdem, seitdem, sobald, solange, um so mehr ... als, während.

1. .... ich meinen Urlaub an der Atlantikküste verbringe, habe ich im Winter keinen Schnupfen mehr.
2. .... ich lange in der Sonne sitze, bekomme ich einen Sonnenbrand.
3. .... du ins Bett gehst, vergiß nicht, deine Zähne zu putzen.
4. Vati ist .... enttäuscht, ... sein Freund ihm versprochen hatte, mit ihm Tennis zu spielen.
5. .... schlechter das Wetter ist, ... vorsichtiger sollen die Autofahrer sein.
6. .... es eine Möglichkeit gibt, will ich versuchen, ihn zu überzeugen.
7. .... ich Kleingeld suchte, habe ich meine Briefmarken fallen lassen.
8. .... ich abwesend war, hat der Hausmeister vergessen, meine Blumen zu gießen.
9. .... Mutti den Brief gelesen hatte, ging sie in die Küche und machte Kaffee.

183 *Complétez par « **als** » ou « **wenn** ».*

1. .... ich gestern aus dem Theater kam, traf ich zufällig einen alten Freund. - **2.** .... der Krieg ausbrach, warst du noch nicht auf der Welt. - **3.** .... du so weiter machst, wirst du das Abitur nicht bestehen. - **4.** .... ich das letzte Mal bei dir war, hattest du einen tollen Kuchen gebacken. - **5.** .... ich lange vor dem Computer sitze, bekomme ich Augenschmerzen. - **6.** .... die Musik zu laut ist, höre ich das Telefon nicht. - **7.** .... ich heute morgen wach wurde, schlug es sechs Uhr vom Kirchturm. - **8.** .... Sie einen Brief verschicken, vergessen Sie bitte die Postleitzahl nicht. - **9.** .... Sie sich rechtzeitig melden, können Sie Karten für das Konzert bekommen.

184. *Complétez par la conjonction de subordination qui convient.*

1. Er grüßte mich nicht, ... hätte er mich nicht gesehen. **2.** Ich habe nicht gewußt, ... er lange in Amerika war. **3.** Der Film hat mir gut gefallen, ... ich die Schauspieler nicht mag. **4.** Er hat die Tür aufgemacht, ... ich es gemerkt habe. **5.** Mach jetzt, ... du weiterkommst ! **6.** ..... ich gewußt hätte, wäre ich mit dir nach New York geflogen. **7.** Weißt du, ... das stimmt ? **8.** Wir wollen warten, ... das Gewitter vorbei ist. **9.** ..... das Wahlergebnis bekannt wurde, gab es ein großes Fest. **10.** ..... du kein Fleisch ißt, habe ich dir Fisch gekocht. **11.** Heide ist mir deswegen böse, ... ich sie nicht besucht habe. **12.** Ich will langsam sprechen, ... sie mich alle verstehen. **13.** Der Junge lief so schnell, ... er konnte. **14.** ..... ich weiß, hat er sich noch nicht gemeldet. **15.** Er tut mir leid, ... er seine eigene Zukunft gefährdet. **16.** Er ist viel zu jung, ... er den Film verstehen könnte. **17.** Ich mache es, ... ich es immer gemacht habe. **18.** Unser Kollege verdient viel weniger, ... er sagt. **19.** ..... er jetzt endlich einen Job gefunden hat, soll er glücklich sein. **20.** Mein Sohn hilft mir immer, ... ich ihn darum bitten muß.

La subordonnée infinitive

page 107

185. *Complétez en employant um ... zu, ohne ... zu, anstatt ... zu.*

1. Herr Forster ist jetzt zu alt, ... eine Stellung ..... finden. - **2.** Ursula verdient noch zu wenig Geld, ... sich das Restaurant leisten ..... können. - **3.** Der Chef verließ das Büro ..... mich ..... grüßen, denn er war sehr in Eile. - **4.** Du spielst schon wieder mit der Katze, ... meine Geschirrspülmaschine ..... reparieren. - **5.** Er ist aus dem Wagen ausgestiegen, ... die Handbremse an ..... ziehen. - **6.** Ich habe das Wörterbuch mehrmals aufschlagen müssen, ... den richtigen Sinn des Textes herausfinden ..... können. - **7.** Wozu das viele Lernen ? ..... die Prüfung ..... bestehen. - **8.** Er fährt rücksichtslos weiter, ... auf die Fußgänger ..... achten. - **9.** Knut spielt Querflöte, ... an seiner Mathearbeit ..... arbeiten. - **10.** ..... sich um die Nachbarn... kümmern, hört er bis ein Uhr nachts Musik.

186. *Lisez ce texte et faites ensuite les exercices qui suivent.*

Sindbad der Seefahrer erzählt

Eines Tages, als wir ganz vergnügt auf wogendem Meere waren, stieß der Kapitän ein Jammergeschrei aus, schlug sich ins Gesicht, raufte sich die Haare aus dem Bart und zerriß seine Kleider. Dann rief er laut: "O ihr Kaufleute ! Wir sind alle verloren." Als wir fragten, was es gebe, sagte er : "Wisset, daß die heftigen Stürme uns vom Wege abgeführt haben, und unser Mißgeschick hat uns an die Affeninsel gebracht, auf welcher Affen wie Heuschrecken umherspringen. Noch ist kein Mensch auf diese Insel gekommen, der nicht seinen Tod gefunden hätte." Der Kapitän warf die Anker aus und ließ die Segel einziehen ; aber alsbald kamen die Affen von der Insel her auf uns zu und stiegen von allen Seiten her auf das Schiff in so großer Zahl, daß wir sie weder töten noch fortjagen konnten. Bald bissen sie auch mit ihren Zähnen das Ankertau und die Segeltrossen durch, zogen das Schiff ans Land, ließen uns aussteigen und verschwanden mit dem Schiffe samt allem, was darauf war. Diese Affen hatten gelbe Augen, schwarze Gesichter und klebrige Haare. Wir gingen, ohne zu wissen, was aus uns werden sollte, umher und stärkten uns an den Früchten dieser Insel. Als der Abend nahte, legten wir uns nieder und schliefen ein.

Auf einmal wurden wir von einem Geräusch, ähnlich dem eines Sturmwindes, geweckt, und groß war unsere Furcht, als wir uns von einer mächtig großen Schlange umzingelt sahen. Sie fuhr auf einen meiner Kameraden los und würgte ihn hinunter ; man sah nur noch seine Schultern und seinen Kopf aus ihrem Rachen hervorstehen ; er schrie laut, und die Schlange machte eine schnelle Bewegung, indem sie sich zusamen- und gleich darauf wieder auseinanderrollte. Wir hörten seine Gebeine krachen, und verschlungen war der ganze Mann ! Darauf ging die Schlange wieder ihres Weges. Wir beiden übrigen fürchteten, die Schlange möchte auch bald in ähnlicher Weise mit uns verfahren. Ich machte mich daher auf und suchte Lianen und trockenes Gesträuch zusammen, aus dem ich Stricke flocht, ich umgab mich dann von allen Seiten mit festgebundenen Brettern und Scheiten, so daß ich wie in einer Kiste lag und die Schlange mich nicht erreichen konnte.

Die Schlange kam des Abends und schlich um mich herum, indem sie unter fortwährendem Gezische sich bald näherte, bald wieder entfernte ; ich sah alles und war dem Tode nahe vor Furcht. Als der Tag nahte, zog sie sich zurück ; ich machte mich alsbald von dem Holze los, lief auf der Insel umher, aß einige Früchte und gelangte auf einen Hügel, von dem ich ein Schiff mitten in den Meereswellen erblickte. Ich rief ihm aus voller Kehle entgegen, winkte mit dem Zweig eines Baumes und ward* sogleich von der Schiffsmannschaft gesehen.

aus Tausendundeine Nacht

* ward = wurde

A. *Relevez dans le texte :*

1. un verbe faible irrégulier.
2. un verbe au subjonctif I.
3. un verbe au prétérit du passif.
4. un auxiliaire de mode.
5. des propositions infinitives complément sans **zu**.
6. des propositions infinitives complément avec **zu**.
7. des propositions subordonnées relatives.
8. des propositions subordonnées conjonctives.
9. deux pronoms relatifs.
10. un participe II employé comme adjectif.

B. *Classez les verbes forts du deuxième paragraphe du texte, au fur et à mesure de leur apparition, dans un tableau comme dans l'exemple ci-dessous.*

Infinitif	3e personne présent de l'indicatif	Prétérit	Participe II
sein	ist	war	gewesen

CORRIGÉS DES EXERCICES

Les corrigés marqués d'un astérisque proposent *une* réponse ; d'autres sont possibles.

1 a. Mots composés formés de deux noms : 1 - 8 - 12 - 13.
Mots composés formés de trois noms : 4 - 10 - 16.
Mots composés formés d'un radical verbal + nom(s) : 2 - 6 - 7 - 9 - 14 - 15 - 17.
Mots composés formés d'une préposition + nom : 3 - 5 - 11 - 18.

b. 1. der. - 2. das. - 3. die. - 4. das. - 5. der. - 6. das. - 7. das. - 8. die. - 9. die. - 10. der. - 11. der. - 12. der. - 13. der. - 14. die. - 15. der. - 16. das. - 17. das. - 18. der.

2. 1. Brieffreund. - 2. Briefwechsel. - 3. Briefpapier. - 4. Briefumschlag. - 5. Brieftasche. - 6. Briefmarke. - 7. Briefmarkensammler. - 8. Briefmarken. - 9. Briefschalter. - 10. Briefmarkenautomat. - 11. Briefwaage.

3. 1. Handbewegung. - 2. Handbremse. - 3. Handschrift. - 4. Handtasche. - 5. Handschuhgröße. - 6. Handarbeit. - 7. Handschuhe. - 8. Handtuch.

4. 1 E - 2 C - 3 G - 4 H - 5 I - 6 A - 7 B - 8 F - 9 J - 10 D.

5. 1. Leinen Sporttasche. - 2. Sommertasche. - 3. Sporttasche. - 4. Einkaufstasche. - 5. Schultertasche. - 6. Modische Leinentasche.

6. 1. spazierengehen. - 2. weiterfahren. - 3. abhauen. - 4. sich erinnern an. - 5. begabt sein. - 6. sich ausruhen. - 7. stehenbleiben. - 8. sich verlassen auf. - 9. ins Krankenhaus bringen. - 10. seine Ferien verbringen.

7. 1. Ja, der Terrorismus ist eine Form des modernen Krieges.
2. Ja, die Geschwindigkeit auf den Autobahnen soll begrenzt werden.
3. Ja, der TGV hat in Europa großen Erfolg.
4. Ja, die Werbung für Zigaretten sollte verboten werden.
5. Ja, alle Kinder können mehrere Sprachen lernen.

8*. Was machen die Leute am Samstag?
1. Ich denke, daß die Leute ins Kino gehen. - 2. Ich weiß, daß die Leute fernsehen. - 3. Ich glaube, daß die Leute Tennis spielen. - 4. Ich bin sicher, daß die Leute einkaufen gehen. - 5. Es ist möglich, daß die Leute das Auto waschen. - 6. Ich stelle fest, daß die Leute das ganze Haus putzen. - 7. Ich sehe, daß die Leute spazierengehen. - 8. Es kann sein, daß die Leute aufs Land fahren.

9. 1. Zu Weihnachten will mir Mutti einen Kassettenrecorder kaufen.
2. Heute morgen hat der Direktor eine wichtige Besprechung.
3. Wegen eines Verkehrsstaus ist Vati später im Büro angekommen.
4. Letztes Jahr ist er nach Spanien geflogen.
5. Die ganze Nacht haben wir mit dem Computer gearbeitet.
6. Zuerst will der Chef seinen Mitarbeitern danken.
7. Zum Glück wurden uns die unentbehrlichen Hinweise gegeben.
8. Leider konnten wir nicht früher abfahren.
9. Im Restaurant hat der Wein nicht besonders gut geschmeckt.
10. In England regnet es sehr oft.
11. Selbstverständlich hat mein Vater meinen Vorschlag angenommen.
12. Gott sei Dank sind die Autobahnen nicht immer so verstopft.
13. In ein paar Tagen will ich mein Haus renovieren lassen.
14. Wahrscheinlich ist Peter per Anhalter gefahren.
15. Heute abend kommen mindestens zwanzig Leute.

10. 1. Jeden Samstag geht Peter in die Diskothek. - 2. In Italien trinkt Frau Sommer nur Capuccino. - 3. 1945 wurde Adenauer Kanzler. - 4. Um 19 Uhr bringt das Fernsehen Nachrichten. - 5. In Deutschland sind die Geschäfte sonntags geschlossen.

11*. Christoph Hauptmann ist ein Schweizer. Er wohnt in Zürich in der Bahnhofsstraße. Er ist siebzehn Jahre alt. Er hat zwei Brüder. Sein Vater ist Ingenieur und seine Mutter Grundschullehrerin. Er ist unter dem Sternzeichnen Stier geboren. Das Pferd ist sein Lieblingstier. Er ißt am liebsten Schnitzel mit Spaghetti. Er liest sehr gerne Raumschiffgeschichten. In seiner Freizeit mag er besonders lesen, basteln, und am Computer arbeiten.

Edeltraud Kaufmann ist eine junge Dame aus Deutschland. Sie wohnt in München, in Bayern. Sie ist achtundzwanzig Jahre alt und ist noch nicht verheiratet. Ihr Vater ist gestorben und ihre Mutter arbeitet nicht mehr. Sie ist Apothekerin von Beruf und ist unter dem Sternzeichen Waage geboren. In ihrer Freizeit liebt sie es, ins Kino zu gehen, zu kochen, Tennis zu spielen, und nach Antiquitäten zu suchen.

12*. 1. Er mag wohl recht haben. - 2. Er will alles gehört haben. - 3. Es ist möglich, daß er morgen kommt. - 4. Es versteht sich von selbst, daß der Termin eingehalten werden muß. - 5. Er wird bestimmt Lebenszeichen von sich geben. - 6. Er hat sich vielleicht verrechnet. - 7. Er wird wohl jedem erzählt haben, daß ich einen Unfall gehabt habe. - 8. Er soll sich 10.000 DM von Peter ausgeliehen haben. - 9. Er muß wohl krank sein. - 10. Mag sein!

13. 1 G. - 2 H. - 3 D. - 4 J. - 5 I. - 6 A. - 7 C. - 8 F. - 9 E. - 10 B.

14. Ouvertes : 1. - 3. - 6. - 7. - 8.
Fermées : 2. - 4. - 5. - 9. - 10.

15. 1. Womit. - 2. Wohin. - 3. Wodurch. - 4. Wie lange. - 5. Seit wann. - 6. Woher. - 7. Mit wem. - 8. Wieviel. - 9. Wo. - 10. Wie oft. - 11. Wer. - 12. Was. - 13. Wie. - 14. Bis wann. - 15. Welches. - 16. Wie. - 17. Welche. - 18. Wieviel. - 19. Was. - 20. Wie oft. - 21. Warum. - 22. Weshalb. - 23. Wozu. - 24. Wie. - 25. Bis wann. - 26. Wieviel *ou* was. - 27. Wohin. - 28. Welchen.

16. 1. Für wen ist das Geschenk? - 2. Mit wem gehst du ins Kino? - 3. Wem gehört das Buch? - 4. Wer hat heute morgen angerufen? - 5. Wen hast du gefragt? - 6. Wie fährst du in die Stadt? - 7. Welche Schreibmaschine hast du gekauft? - 8. Welches ist das Gegenteil von hell? - 9. Welchen Kugelschreiber möchten Sie? - 10. Worauf hat er noch nicht geantwortet? - 11. Auf wen wartest du? - 12. Was hast du? - 13. Woran denken die Schüler? - 14. Wessen Sohn sind Sie? - 15. Was für ein Kleid hat sie sich gekauft? - 16. Wann kommt Vati zurück? - 17. Wohin fahren Webers im Sommer? - 18. Wie spät ist es? *ou* Wieviel Uhr ist es? - 19. Wie alt ist er? - 20. Woher kommt dieser Gastarbeiter?

17*. 1. Machen Sie bitte die Tür zu! - 2. Machen Sie sich bitte an die Arbeit! - 3. Sprechen Sie bitte lauter! - 4. Treten Sie bitte nicht ein! - 5. Rauchen Sie bitte nicht! - 6. Kommen Sie bitte herein! - 7. Helfen Sie mir bitte! - 8. Kommen Sie bitte hierher! - 9. Gehen Sie bitte hinaus! - 10. Kommen Sie bitte herunter! - 11. Gehen Sie bitte fort!

18. A. 4. - B. 1. - C. 6. - D. 8. - E. 2. - F. 5. - G. 3. - H. 7.

19. 1. Räum dein Zimmer auf! - 2. Kommen Sie an die Kasse! - 3. Gib diesen Brief her! - 4. Hört jetzt auf! - 5. Setz deine Zukunft nicht aufs Spiel! - 6. Deck den Tisch! - 7. Steigen Sie bitte sofort ein! - 8. Tu das für mich! - 9. Kommt morgen vorbei! - 10. Machen Sie ihm diese Freude! - 11. Geh jetzt ins Bett! - 12. Lies das Gedicht vor! - 13. Ruf doch mal an! - 14. Seid höflich! - 15. Sei jetzt still! - 16. Seien Sie nicht so frech! - 17. Nimm den Brief mit! - 18. Sprich nicht so laut! - 19. Passen Sie jetzt gut auf! - 20. Fahren wir heim! - 21. Hilf mir!

20*. 1. Verschiebe nicht auf morgen, was du heute machen kannst!
2. Nimm das nicht wörtlich!
3. Hilf mir doch aufräumen!
4. Sprich bitte nicht mit vollem Mund!
5. Bitte nachsenden!
6. Rauchen verboten!

7. Mach keinen Unsinn!
8. Laß mal sehen!
9. Sieh mich an!
10. Laß mich in Ruhe!

21. 1. F. - 2. J. - 3. O. - 4. K. - 5. G. - 6. P. - 7. Q. - 8. G. - 9. N. - 10. N. - 11. B. - 12. R. - 13. C. - 14. I. - 15. H. - 16. L. - 17. E. - 18. N. - 19. U. - 20. M. - 21. D. - 22. S. - 23. T. - 24. A. - 25. V.

22. 1. Nein, Herr Dupont fährt morgen nicht nach Straßburg. - 2. Nein, ich komme nicht mit dem Rad. - 3. Nein, meine Tochter bleibt heute nicht zu Hause. - 4. Nein, ich habe keinen Regenschirm. - 5. Nein, Herr Meyer nimmt seinen Wagen nicht. - 6. Nein, wir haben jetzt keine Zeit. - 7. Nein, Frau Götz arbeitet nicht mehr. - 8. Nein, ich darf nicht allein ins Kino gehen.

23. 1. Die Mathearbeit für morgen ist nicht leicht. - 2. Dein Zimmer ist nicht groß. - 3. Dieses Tonbandgerät ist nicht billig. - 4. Das ist nicht möglich. - 5. Du bist nicht dick.

24. 1. Wir haben keinen Zucker mehr. - 2. Es bleibt nichts mehr zum Essen. - 3. Er ist noch nicht groß genug. - 4. Das hat er nie gedacht. - 5. Wir haben kein Glück gehabt. - 6. Niemand hat geklingelt. - 7. Ich bin dir nicht mehr böse. - 8. Er kauft nichts. - 9. Keiner ist da.

25. 1. Nur. - 2. erst. - 3. erst. - 4. erst. - 5. nur. - 6. nur.

26. 1. keinen. - 2. nicht. - 3. nicht. - 4. nicht. - 5. keinen. - 6. kein. - 7. nicht. - 8. keine. - 9. kein. - 10. nicht. - 11. nicht. - 12. keine. - 13. keinen. - 14. kein. - 15. nicht. - 16. nicht. - 17. keinen. - 18. nicht. - 19. keine. - 20. nicht.

27*. 1. Auf keinen Fall. - 2. Gar nichts. - 3. Nie mehr. - 4. Nicht wahr? - 5. Überhaupt nicht *ou bien* Gar nicht. - 6. Ich auch nicht. - 7. Keiner von beiden. - 8. Keineswegs. - 9. Nirgends. - 10. Noch nicht.

28. *Phrases énonciatives simples.*
1. Er arbeitet im Ausland. - 2. Er sieht fern. - 3. Er spricht laut. - 4. Er läuft barfuß. - 5. Er macht die Tür zu. - 6. Er kommt wieder. - 7. Er hört auf. - 8. Er bleibt stehen. - 9. Er geht spazieren. - 10. Er überholt.

Phrases interrogatives globales.
1. Arbeitest du im Ausland? - 2. Siehst du fern? - 3. Sprichst du laut? - 4. Läufst du barfuß? - 5. Machst du die Tür zu? - 6. Kommst du wieder? - 7. Hörst du auf? - 8. Bleibst du stehen? - 9. Gehst du spazieren? - 10. Überholst du?

Phrases complexes.
1. Ich weiß, daß er im Ausland arbeitet. - 2. Ich weiß, daß er fernsieht. - 3. Ich weiß, daß er laut spricht. - 4. Ich weiß, daß er barfuß läuft. - 5. Ich weiß, daß er die Tür zumacht. - 6. Ich weiß, daß er wiederkommt. - 7. Ich weiß, daß er aufhört. - 8. Ich weiß, daß er stehen bleibt. - 9. Ich weiß, daß er spazieren geht. - 10. Ich weiß, daß er überholt.

29. 1. faible. - 2. faible irrégulier. - 3. faible irrégulier. - 4. fort. - 5. fort. - 6. faible. - 7. fort. - 8. faible irrégulier. - 9. fort. - 10. fort. - 11. faible irrégulier. - 12. fort. - 13. faible. - 14. faible irrégulier. - 15. faible. - 16. fort. - 17. fort. - 18. faible. - 19. fort. - 20. faible.

30. 1. Du arbeitest. - 2. Er spricht. - 3. Ihr sprecht. - 4. Du gibst. - 5. Du wirst. - 6. Ich hole. - 7. Wir fahren. - 8. Ihr habt. - 9. Du heißt. - 10. Ihr werdet.

31. 1. Paola geht einkaufen. - 2. Du nimmst einen Regenschirm mit. - 3. Vati bleibt da. - 4. Du fährst Rad. - 5. Er gibt acht. - 6. Mein Freund Georg bleibt sitzen. - 7. Ihr geht spazieren. - 8. Du machst die Küche fertig. - 9. Er tritt ein. - 10. Du liest vor.

32. 1. Sie sind sehr freundlich, Herr Direktor. - 2. Ich bin zwanzig Jahre alt. - 3. Ihr seid wirklich sehr frech heute. - 4. Die Musik ist zu laut. - 5. Bist du heute abend zu Hause? - 6. Ich bin nicht da. - 7. Unsere Nachbarn sind immer auf Reisen. - 8. Die Brille ist auf der Kommode. - 9. Wir sind noch nicht fertig. - 10. Dieses italienische Obst ist besonders lecker.

33. 1. hat. - 2. habe. - 3. Habt. - 4. haben. - 5. hast. - 6. haben. - 7. Haben. - 8. hast. - 9. hat. - 10. habe.

34. 1. wird. - 2. werde. - 3. wird. - 4. wirst. - 5. wird. - 6. werden.

35. 1. wirst. - 2. ist. - 3. haben. - 4. habt. - 5. Bist. - 6. ist. - 7. wird. - 8. ist. - 9. Seid. - 10. haben. - 11. bin. - 12. sind. - 13. habt. - 14. seid.

36. 1. äu. - 2. i. - 3. ie. - 4. i. - 5. ä. - 6. i. - 7. ie. - 8. ä. - 9. ä. - 10. a. - 11. i. - 12. a. - 13. i. - 14. ie. - 15. i. - 16. i. - 17. ä. - 18. ä. - 19. ä. - 20. i. - 21. i. - 22. ä. - 23. ä. - 24. ä. - 25. ie. - 26. i. - 27. i. - 28. ä. - 29. ä. - 30. i. - 31. a.

37. Am späten Abend kam ich in Paris an. Ich öffnete die Wohnungstür und rief : ,,Klaus!''. Aber mein Mann war nicht da. Ich machte die Balkontür auf. Die Sonne schien warm. Ich räumte meine Sachen auf. Dann duschte ich lange und wusch mir die Haare. Ich wollte meine Post lesen aber war viel zu nervös dazu. Ich suchte nach einem Krimi in meinem Bücherschrank. Ich fand aber nichts Rechtes. Ich trank eine Tasse Kaffee. Ich war allein.
Ich machte mir mein Abendbrot und aß es vor dem Fernseher. Es lief ein guter Western. Ich fühlte mich plötzlich furchtbar müde und ging ins Bett. Ich konnte nicht einschlafen und nahm zwei Tabletten. Ich hörte noch ein paar Schritte im Flur und schlief ein.

38*. Am Montag hatte mein Auto eine Panne. Ich nahm ein Taxi bis zum Flughafen. Ich flog nach Frankfurt und kam am selben Tag wieder zurück.
Am Dienstag ging ich zum Friseur. Am Abend ging ich ins Konzert.
Am Mittwoch rief ich Petra an und lud sie ein, um am Samstag Kaffee zu trinken. Ich rief auch die Garage an. Ich hatte eine Verabredung mit dem Zahnarzt. (*ou bien :* Ich ging zum Zahnarzt.)
Am Donnerstag war mein Wagen fertig. Ich holte ihn und ging dann einkaufen.
Am Freitag ging ich auf den Markt. Dann ging ich mit Markus eine Pizza essen.
Am Samstag spielte ich Tennis. Ich ging auch ins Kino. Petra kam zu mir zum Kaffee. Am Abend ging ich in die Disko.

39. 1. waren. - 2. hatten. - 3. ging. - 4. arbeitete. - 5. dachte. - 6. konnte. - 7. gab. - 8. saß.

40. 1. nehmen, er nimmt, er hat genommen. - 2. trinken, er trank, er hat getrunken. - 3. er kommt, er kam, er ist gekommen. - 4. singen, er singt, er sang. - 5. denken, er dachte, er hat gedacht. - 6. er liest, er las, er hat gelesen. - 7. gehen, er geht, er ist gegangen. - 8. rufen, er ruft, er rief. - 9. aufstehen, er steht auf, er ist aufgestanden. - 10. aussteigen, er stieg aus, er ist ausgestiegen. - 11. bringen, er bringt, er brachte. - 12. er bleibt, er blieb, er ist geblieben. - 13. sitzen, er sitzt, er hat gesessen. - 14. er wäscht sich, er wusch sich, er hat sich gewaschen. - 15. sein, er war, er ist gewesen. - 16. werden, er wird, er wurde. - 17. verbieten, er verbot, er hat verboten. - 18. er gibt, er gab, er hat gegeben. - 19. essen, er ißt, er hat gegessen. - 20. finden, er findet, er fand.

41*. Hildegard ist heute um neun zum Friseur gegangen. Um 10.30 Uhr ist sie in die Buchlandlung gegangen und hat ihre Bücher geholt. Um elf Uhr hat sie eine Fahrstunde genommen. Um zwölf Uhr hat sie Jörg am Rathausplatz getroffen. Sie sind zu einer Ausstellung gegangen. Um ein Uhr ist sie bei Mac-Donald's essen gegangen. Um zwei ist sie ins Kino gegangen. Um vier hat sie Kaffee getrunken und um sechs ist sie wieder nach Hause gefahren.

42*. 1. Ich habe den Wecker nicht gehört. - 2. Die Milch ist übergelaufen. - 3. Ich habe meinen Austoschlüssel nicht gefunden. - 4. Der Motor sprang nicht an. - 5. Alle Ampel waren rot. - 6. Am Bahnhof, auf dem Parkplatz war kein Platz mehr (*ou :* fand ich keinen Platz). - 7. Am Schalter standen die Leute Schlange. - 8. Der Zug hatte Verspätung. - 9. Im Zug war alles voll. - 10. Ich habe meinen Regenmantel im Zug vergessen.

43. I. 1. b. - 2. c. - 3. a. II. 1. c. - 2. a. - 3. b. III. 1. a. - 2. c. 3. b. IV. 1. b. - 2. a. - 3. c.

44. 1 sein. - 2. haben. - 3. sein. - 4. sein. - 5. haben. - 6. sein. - 7. haben. - 8. haben. - 9. haben. - 10. haben *ou* sein. - 11. sein *ou* haben. - 12. sein. - 13. sein. - 14. sein. - 15. haben.

45. 1. bin. - 2. bin. - 3. habe. - 4. habe. - 5. bin. - 6. habe. - 7. bin. - 8. hat. - 9. sind. - 10. habe. - 11. hat. - 12. hat. - 13. ist. - 14. sind. - 15. haben. - 16. hat.

46. 1. Ich habe meinen Teller schon leergegessen!
2. Ich habe mir diesen Film schon angeschaut.
3. Ich habe meine Tablette schon eingenommen.
4. Ich habe das Fenster schon zugemacht!
5. Ich habe den Wagen schon in die Garage gefahren.
6. Ich bin schon zum Bäcker gefahren!
7. Ich habe mir nicht zuviel zugetraut.
8. Ich habe schon darauf verzichtet!
9. Ich bin ihm schon gefolgt!
10. Ich habe es schon zugegeben.
11. Ich habe es schon versucht!

47. 1. Die Zeit ist sehr schnell vergangen. - 2. Paola hat sich im Spiegel betrachtet. - 3. Ich habe einen warmen Pullover angezogen. - 4. Der Hund ist dem Touristen gefolgt. - 5. In meinem Arbeitszimmer hat den ganzen Tag Licht gebrannt. - 6. Er ist aus dem Zug ausgestiegen. - 7. Der Urlaub ist viel zu schnell zu Ende gegangen. - 8. Es hat angefangen zu regnen. - 9. Der Zug ist mit Verspätung abgefahren. - 10. Wir haben uns in den kleinen Gassen der Altstadt verlaufen.

48. 1. Wir werden den Computer immer mehr gebrauchen. - 2. Der Mensch wird immer auf bessere Zeiten hoffen. - 3. Die Elektrogeräte werden billiger. - 4. Die Züge werden immer schneller fahren. - 5. Du wirst nie Zeit haben. - 6. Ich werde mich beeilen. - 7. Der Briefträger wird früher kommen. - 8. Du wirst schon einsehen, daß ich recht habe. - 9. Du wirst feststellen, daß es richtig war. - 10. Du wirst später verstehen.

49*. Er wird sich anders verhalten. - 2. Er wird den Zug verpaßt haben. - 3. Er wird wohl noch schlafen. - 4. Sie wird eine Freundin getroffen haben. - 5. Es wird bald regnen.

50*. Warte! Ich will schnell meinen Anorak holen. - 2. Jetzt wollen wir zu Abend essen. - 3. Es soll morgen schneien. - 4. Er will seine Schulden bezahlen.

51. 1. war gestürzt / stürzen. - 2. hatte gemeldet / melden. - 3. war gelungen / gelingen. - 4. war eingesetzt worden / einsetzen. - 5. getreten waren / treten.

52. 1. Mehr als siebzig Leute seien ums Leben gekommen. - 2. Die Maschine sei in ein Urwaldgebiet gestürzt. - 3. Einer der vier Motoren sei in Brand geraten. - 4. Kolumbien stehe an der Spitze der Unfallhäufigkeit.

53. Er mache sich Sorgen um seine Zukunft. - 2. Er arbeite nicht sehr gut in der Schule. - 3. Er könne nicht gut lesen. - 4. Er sei frech zu den Lehrern. - 5. Er habe keine Geduld. - 6. Er müsse mehr aufpassen. - 7. Er solle jeden Abend mindestens zwei Stunden arbeiten. - 8. Er habe keine gute Freunde. - 9. Er mache nichts Gescheites in seiner Freizeit. - 10. Er spreche gar nicht mehr so viel wie früher.

54. 1. erzählte. - 2. habe. - 3. komme. - 4. schliefen. - 5. sei. - 6. wollte. - 7. solle. - 8. fragte. - 9. möchte. - 10. konnte. - 11. liebe. - 12. sei. - 13. wollte. - 14. verstehe. - 15. könne. - 16. könne. - 17. sei. - 18. fühle - 19. schlafe. - 20. verbrühte. - 21. kam. - 22. sprühte.

55. 1. An seiner Stelle wäre ich ins Kino gegangen.
2. An seiner Stelle wäre ich froh gewesen!
3. An seiner Stelle hätte ich Angst gehabt.
4. An seiner Stelle hätte ich mein ganzes Geld ausgegeben.
5. An seiner Stelle hätte ich es getan!
6. An seiner Stelle hätte ich nichts gewußt
7. An seiner Stelle wäre ich später gekommen.
8. An seiner Stelle hätte ich nicht geraucht.
9. An seiner Stelle hätte ich sofort geschrieben.
10. An seiner Stelle hätte ich es verraten mögen!
11. An seiner Stelle hätte ich es nicht aushalten können.
12. An seiner Stelle hätte ich darauf verzichtet.

56 a*. 1. Wenn ich mehr Zeit hätte, würde ich Sie (euch) besuchen. - 2. Wenn der Schweizer Frank nicht so teuer wäre, würden die Franzosen ihre Ferien gerne in der Schweiz verbringen. - 3. Wenn die Türken in der Türkei Arbeit finden würden (fänden), würden sie nicht (kämen sie nicht) nach Deutschland kommen, um zu arbeiten. - 4. Wenn die Mieten billiger wären, könnten die Leute besser wohnen.

56 b*. 1. Hätte ich mehr Zeit, so würde ich Sie (euch) besuchen.
2. Würde der Schweizer Frank nicht so hoch stehen (Stände der Schweizer Frank nicht so hoch,) so würden die Franzosen ihre Ferien gern in der Schweiz verbringen.
3. Würden die Türken in der Türkei Arbeit finden (Fänden die Türken in der Türkei Arbeit,) so würden sie nicht nach Deutschland kommen, um zu arbeiten.
4. Wären die Mieten billiger, so könnten die Leute besser wohnen.

57. 1. Tante Eva machte ein komisches Gesicht, als ob sie mir böse gewesen wäre.
2. Ich antwortete nichts, als ob ich gar nichts verstanden hätte.
3. Er knallte die Tür zu, als ob er in Eile gewesen wäre.
4. Er spricht deutsch, als ob er ein Deutscher wäre.
5. Sie erklärte den Film, als ob sie ihn schon gesehen hätte.
6. Sie verlangt Geld von mir, als ob ich reich wäre.
7. Das Kind schreit, als ob er sich verletzt hätte.

58*. 1. Soyez le (la ou les) bienvenu(e) *ou* bienvenus(ues) chez nous.
2. Tais-toi donc!
3. Que ta volonté soit faite!
4. Vive l'amitié franco-allemande.
5. Si cela pouvait arriver!

59. 1. Er hätte zur Polizei gehen können.
2. Er hätte krank werden können.
3. Er hätte das Buch finden können.
4. Er hätte zurückkommen können.
5. Er hätte das Spiel gewinnen können.
6. Er hätte den Zug verpassen können.
7. Er hätte das Brot schneiden können.
8. Et hätte Sport treiben können.
9. Sie hätte sich anziehen können.
10. Sie hätte deutsch sprechen können.

60. 1. Ich hätte gern geschrieben, wenn ich eine Adresse gehabt hätte.
2. Ich hätte gern eine Zeitung gekauft, wenn ich Geld gehabt hätte.
3. Ich würde gern ins Kino gehen, wenn ich ein Programm hätte.
4. Ich könnte weiterlernen, wenn ich ein Buch hätte.
5. Ich würde das gern übersetzen, wenn ich es verstehen würde (verstände).
6. Ich wäre noch länger gewandert, wenn ich nicht krank geworden wäre.

61. 1. schlafende. - 2. kommenden. - 3. spannende. - 4. beruhigenden. - 5. zunehmendem. - 6. zurückhaltende. - 7. folgenden. - 8. bedeutenden.

62*. 1. Die führende Partei. - 2. Das passende Wort. - 3. Das ist hervorragend. - 4. Am folgenden Tag. - 5. Auf dem laufenden sein. - 6. Das ist kochend heiß. - 7. Mir geht es blendend. - 8. Bei einbrechender Nacht. - 9. Die Sache ist dringend. - 10. Das ist bedeutend. - 11. Das ist auffallend. - 12. Postlagernd.

63. 1. gewünschten. - 2. vergangenen. - 3. geriebenen. - 4. gemischte. - 5. verlorene. - 6. veröffentlichten. - 7. gebratenen. - 8. gefüllten. - 9. geschriebenen. - 10. ausgelesenen.

64. 1. Der Verletzte. - 2. Die Gefangenen. - 3. Die Verlobte. - 4. Der Betrunkene. - 5. Das Gesagte. - 6. Das Gewünschte. - 7. Das Gewürzte. - 8. Der Angeklagte. - 9. Die Betroffenen. - 10. Die Vertriebenen.

65. 1. fahren. - 2. spielen. - 3. zelten. - 4. leiden. - 5. empfangen. - 6. eintreten. - 7. widersprechen. - 8. einsehen. - 9. brechen. - 10. bekennen. - 11. bedeuten. - 12. ausnehmen. - 13. schreiben. - 14. erinnern. - 15. absetzen.

66. 1. Aber ich möchte gern radfahren. - 2. Aber ich möchte gern spazieren gehen. - 3. Aber ich möchte gern spät aufstehen. - 4. Aber ich möchte gern fernsehen. - 5. Ich möchte mir gern Krimis ansehen. - 6. Ich möchte gern deutsch sprechen können. - 7. Ich möchte gern Pilot werden.

67. 1. trinken. - 2. rauchen. - 3. essen. - 4. treiben. - 5. schlafen. - 6. aufstehen. - 7. schlafen. - 8. einnehmen.

68. 1. läßt. - 2. hört. - 3. läßt. - 4. geht. - 5. hört. - 6. hört. - 7. geht. - 8. läßt. - 9. läßt. - 10. geht.

69. 1. Ich habe nicht mehr sprechen können. - 2. Ich habe es mir lange überlegen müssen. - 3. Ich wollte ihn anrufen. - 4. Er mußte zwei Stunden warten. - 5. Ich habe nichts verraten dürfen. - 6. Ich mußte Geld ausleihen. - 7. Ich habe kein Wort verstehen können.

70. 1. Ich habe sie anrufen wollen, aber ich habe ihre Nummer nicht finden können. - 2. Ich habe früh aufstehen wollen, aber ich habe ausschlafen müssen. - 3. Ich habe die Zeitung lesen wollen, aber ich habe sie nicht finden können. - 4. Ich habe schreiben wollen, aber ich habe es nicht machen dürfen.

71. 1. Ich habe es tapezieren lassen. - 2. Ich habe ihn stricken lassen. - 3. Ich habe sie schneiden lassen. - 4. Ich habe es versenden lassen. - 5. Ich habe ihn machen lassen.

72. 1. Ich bitte Sie, Herrn Köhler sofort anzurufen. - 2. Ich bitte Sie, das Fenster zuzumachen. - 3. Ich bitte Sie, mich um 21 Uhr am Bahnhof abzuholen. - 4. Ich bitte Sie, morgen abend vorbeizukommen. - 5. Ich bitte Sie, diesen Satz zu übersetzen.

73. 1. Ja, es macht mir Spaß, morgen früh aufzustehen. - 2. Ja, es macht mir Spaß, Ski zu fahren. - 3. Ja, es macht mir Spaß, mit dir nach Italien zu fahren. - 4. Ja, es macht mir Spaß, Schmitts einzuladen. - 5. Ja, es macht mir Spaß, mit dir weiterzuarbeiten.

74. 1. Ja! Er scheint bei Rot über die Ampel gefahren zu sein.
2. Ja! Sie scheint sich eine neue Waschmaschine angeschafft zu haben.
3. Ja! Er scheint sich wegen seines neuen Jobs Sorgen zu machen.
4. Ja! Er scheint ein Computerfan geworden zu sein.
5. Ja! Sie scheint wieder gesund zu sein.

75. 1. Ja! Ich bin gerade dabei, eine Erbsensuppe zu kochen. - 2. Ja! Ich bin gerade dabei, das ganze Konzert aufzunehmen. - 3. Ja! Ich bin gerade dabei, ein elektronisches Gerät zu basteln. - 4. Ja! Ich bin gerade dabei, eine Kirschtorte zu essen. - 5. Ja! Ich bin gerade dabei, einen Krimi zu lesen.

76. 1. zu. - 2. *Pas de* zu. - 3. *Pas de* zu. - 4. *Pas de* zu. - 5. zu. - 6. *Pas de* zu. - 7. *Pas de* zu. - 8. zu. - 9. *Pas de* zu. - 10. *Pas de* zu. - 11. zu. - 12. zu. - 13. zu. - 14. zu. - 15. zu. - 16. zu. -17. *Pas de* zu. - 18. *Pas de* zu. - 19. *Pas de* zu. - 20. *Pas de* zu.

77. 1. darf. - 2. Darf. - 3. Kannst. - 4. muß. - 5. Können. - 6. soll. - 7. muß. - 8. möchte (*ou* will), kann. - 9. können. - 10. wollen, müssen, können. - 11. Willst, mag. - 12. mag. - 13. kann. - 14. darf. - 15. wollen. - 16. muß. - 17. Können. - 18. solltest. - 19. kann. - 20. möchten. - 21. darf. - 22. wollt. - 23. müßt. - 24. soll. - 25. muß. - 26. Dürfen.

78. 1. Vati will noch nie von meinen Ferienplänen gehört haben. - 2. Er soll zwei Tage früher als vorgesehen abgereist sein. - 3. Paul soll das Geld geschenkt bekommen haben. - 4. Die Opposition soll die nächsten Wahlen gewinnen. - 5. Die Regierung will die wichtigsten Reformen eingeführt haben.

79*. A. 1. Soll ich den Tisch decken ? - 2. Ich will den Tisch decken. - 3. Ich kann den Tisch decken, wenn du willst.

B. 1. Du darfst (kannst) nicht von hier anrufen. - 2. Soll ich von hier anrufen ? - 3. Ich möchte von hier anrufen. - 4. Er soll angerufen haben.

C. 1. Er möge kommen ! - 2. Er will gekommen sein. - 3. Er muß gekommen sein. - 4. Er will kommen.

D. 1. Das müßte wahr sein. - 2. Das könnte wahr sein. - 3. Es soll wahr sein.

80. 1. Weißt, kann. - 2. weiß, kann. - 3. Können. - 4. Wissen. - 5. Kannst. - 6. Weiß. - 7. kann. - 8. Weißt, können. - 9. Kannst, weiß. - 10. kann.

81. 1. Alle Passagiere wurden von der Polizei kontrolliert. - 2. Ich bin ständig von ihm unterbrochen worden. - 3. Sein Foto wurde von der Presse veröffentlicht. - 4. Das Geld und die Schmucksachen wurden von den Einbrechern gefunden. - 5. Diese neue Zigarette ist durch die Werbung populär gemacht worden. - 6. Der Sohn wird am Flughafen vom Vater abgeholt werden. - 7. Drei Gastarbeiter wurden von der Firma Höchst gekündigt. - 8. Der Junge wurde alle zwei Monate zu den Großeltern geschickt. - 9. Schlechte Nachrichten wurden durch das Radio verbreitet. - 10. Drei Fußgänger wurden von dem Autofahrer verletzt.

82. 1. Ein objektiver Artikel ist von dem Journalisten geschrieben worden.
2. Der Dieb ist von der Polizei festgenommen worden.
3. Ein Glas Bier wird vom Gast bestellt.
4. Das Mittagessen wird von meiner Mutter gekocht werden.
5. Die Kinder wurden von der Tante versorgt.
6. Wir sind zu Weihnachten von unseren Nachbarn eingeladen worden.
7. Die Kinder sind von den Eltern am Bahnhof abgeholt worden.
8. Das Land ist erobert worden.
9. Es wird getanzt.
10. Die neuen Mieter wurden von der Hausverwalterin unfreundlich aufgenommen.

83*. 1. In Deutschland wird viel Bier getrunken. (Es wird in Deutschland viel Bier getrunken.)
2. In der Gemeinde wird ein neues Krankenhaus gebaut.
3. Die Nachricht ist durch das Fernsehen verbreitet worden.
4. Drei Personen sind verletzt worden.
5. Es ist sehr viel von der DDR gesprochen worden.
6. Jetzt wird aufgeräumt.
7. Hier wird zu viel geraucht.
8. Die Katze ist von einem Wagen überfahren worden.
9. Das Flugzeug ist in den Libanon entführt worden.

84. 1. Es wird zu viel Fett gegessen.
2. Es wird nicht genug Sport getrieben.
3. Es wird zu viel geraucht.
4. Es wird in Deutschland zu viel Bier getrunken.
ou : In Deutschland wird zu viel Bier getrunken.

5. Es wird zu wenig gespart.
6. Es wird viel ferngesehen.
7. Es wird zu viel Auto gefahren.
8. Es wird zu spät ins Bett gegangen.
9. Es wird zu viel Waschpulver verwendet.
10. Es wird zu viel Wasser verschwendet.
11. Es werden zu viele Tabletten genommen.
12. Es werden zu viele Devisen im Ausland ausgegeben.

85. 1. c. - 2. b. - 3. b *et* c. - 4. a. - 5. b. - 6. a. - 7. a, b. - 8. a.

86. A. 3. - B. 2. - C. 1. - D. 3. - E. 1 *et* 2. - F. 2.

87. *Fonction sujet ou attribut.*
1. Franz, der älteste Schüler. - 2. Der Junge. - 3. Es, viele Leute. - 4. Ursula Böhmann, die beste Schauspielerin. - 5. Die Russen, die Besten.

88. *Groupes nominaux à l'accusatif :*
1. einen Monat, die ganze Zeit. - 2. keine Ruhe. - 3. Jeden Morgen. - 4. Das Mädchen, ins Kino. - 5. deinen Freund.

89. *Groupes nominaux au datif :*
1. Diesem arroganten Kerl. - 2. den Kindern. - 3. der Grenze. - 4. seinen ursprünglichen Stellungnahmen. - 5. mir, in der Nähe.

90. *Groupes nominaux au génétif :*
1. des Krieges. - 2. dessen, seiner Sache. - 3. der Meinung. - 4. der ökonomischen Schwierigkeiten, der Ölkrise. - 5. warmer Milch.

91. 1. Der. - 2. Die. - 3. die. - 4. die. - 5. das. - 6. Die. - 7. die. - 8. des. - 9. die. - 10. Der. - 11. dem *ou* den (pluriel). - 12. Der. - 13. der. - 14. die.

92. Die Zeitung. - 2. Die Sonne. - 3. Der Tisch. - 4. Der Mond. - 5. Das Kind. - 6. Der Koffer. - 7. Das Brot. - 8. Das Buch. - 9. das Telefon. - 10. Das Fernsehen *ou* der Fernseher.

93. 1. Das, Welches. - 2. Der, Welcher. - 3. Die, Welche. - 4. Das, Welches. - 5. Das, Welches. - 6. Der, Welcher. - 7. Die, Welche. - 8. Der, Welcher.

94. 1. Welches, das, das. - 2. Welchen, den, den. - 3. Welche, die, die. - 4. Welches, das, das. - 5. Welches, das, das. - 6. Welchen, den, den. - 7. Welche, die, die.

95. 1. eine Coca. - 2. einen Apfelsaft. - 3. einen Tee. - 4. einen Kaffee. - 5. eine Schokolade. - 6. eine warme Milch. - 7. einen Schnaps. - 8. einen Grog.

96. 1. deiner. - 2. deinem. - 3. deinen. - 4. deinem. - 5. deiner. - 6. deinen. - 7. deinem. A. der. - B. den. - C. der. - D. dem. - E. dem. - F. dem *ou* den (pluriel). - G. dem *ou* den (pluriel).

97. 1. Ja, das ist das Surfbrett meiner Freunde. - 2. Ja, das ist das Haus meiner Großeltern. - 3. Ja, das ist das Moped des Hausbesitzers. - 4. Ja, das ist der Plattenspieler des Jungen. - 5. Ja, das ist der Pullover meiner Schwester.

98. 1. Der Ober bringt dem Kind Orangensaft. - 2. Der Ober bringt dem Jungen Bier. - 3. Der Ober bringt den Touristen Tomatensaft. - 4. Der Ober bringt der Engländerin Zucker. - 5. Der Ober bringt dem Kranken Pfefferminztee.

99. 1. Dort ist ein Laden. Ich sehe den Laden. Der Laden gehört meinen Verwandten. Das ist der Laden meiner Verwandten. - 2. Dort ist eine Apotheke. Ich sehe die Apotheke. Die Apotheke gehört meinem Nachbar. Es ist die Apotheke meines Nachbars. - 3. Dort ist ein

Haus. Ich sehe das Haus. Das Haus gehört meinen Eltern. Es ist das Haus meiner Eltern. - 4. Dort ist ein Café. Ich sehe das Café. Das Café gehört meinem Bruder. Es ist das Café meines Bruders.

100. 1. Ach! Das ist deine Freundin! - 2. Ach! Das ist ihr Mann! - 3. Ach! Das ist seine Brille! - 4. Ach! Das sind Ihre Nachbarn! - 5. Ach! Das ist dein Plattenspieler!

101. 1. Ihre. - 2. meine. - 3. dein. - 4. seine. - 5. deine. - 6. ihren. - 7. Euer. - 8. unser. - 9. deinen. - 10. Unsere.

102. 1. sein. - 2. das ist seine Pfeife. - 3. das ist seine Jacke. - 4. das ist ihr Kopftuch. - 5. das ist ihre Stereoanlage.

103. 1. ich bringe sie Ihnen. - 2. ich gebe ihn Ihnen. - 3. ich kaufe sie dir. - 4. ich schreibe sie dir. - 5. ich zeige ihn Ihnen.

104. 1. eure. - 2. meinen, meinen deinen. - 3. seine, ihre. - 4. unsere, seine, ihre. - 5. eure, ihren, seine.

105. 1. seinen. - 2. ihrem. - 3. ihren. - 4. seinem. - 5. seine, seinen.

106. Peter : die Hose, die Windjacke, das Hemd, die Schuhe, der Anorak.
Marianne : die Jeans, der Fotoapparat, der Mantel, die Schultasche, der Füller.

107. 1. dein. - 2. mein. - 3. meinen. - 4. unser. - 5. meinem. - 6. Ihr. - 7. deine. - 8. meine. - 9. Ihre. - 10. Ihr. - 11. mein. - 12. meinen.

108. 1. meine Bettwäsche. - 2. meinen roten Waschlappen. - 3. meine schwarzen Socken. - 4. dein blaues Handtuch. - 5. deine nagelneue Hose. - 6. dein weißes Hemd. - 7. sein grünes Hemd. - 8. seinen weißen Kittel. - 9. seinen dunkelblauen Pullover. - 10. ihr rotes Kleid. - 11. ihre schwarze Strumphose. - 12. ihre blaue Bluse. - 13. ihren schwarzen Rock.

109. A, 3. - B, 2. - C, 4. - D, 5. - E, 1.

110. 1. Welchen. - 2. Welches. - 3. welchem. - 4. Welches. - 5. welchem. - 6. Welchen. - 7. Welche. - 8. welche. - 9. welcher. - 10. Welches. - 11. Welches.

111. 1. Alle Autofahrer. - 2. Paris, die Hauptstadt. - 3. die Rede. - 4. Zwei Drittel. - 5. mit dem Wagen, mit dem Zug. - 6. Schach spielen. - 7. dessen Bruder. - 8. alle Studenten.

112. 1. Nein danke, ich esse kein Fleisch. - 2. Nein danke, ich rauche keine Zigarren. - 3. Nein danke, ich trinke keinen Tee. - 4. Nein danke, ich nehme keine Aspirintabletten. - 5. Nein danke, ich möchte keine Jeans.

113. 1. Der Vater will dem Jungen die Rechtschreibung beibringen.
2. Könnte ich bitte den Piloten sprechen?
3. Entschuldigen Sie bitte! Ich habe den Namen des Kommandanten nicht richtig verstanden.
4. Ich habe am Eiffelturm einen japanischen Touristen getroffen.
5. Im Namen des Kommandanten möchte ich Sie hier willkommen heißen.
6. Mit Hilfe des (*ou au pluriel* der) Fotografen habe ich eine tolle Reportage gemacht.
7. Dem Soldaten wurde vorgeworfen, er sei bei der Wache eingeschlafen.
8. Ein Herr namens Schmidt wird am Telefon verlangt.
9. Um Gottes Willen tu das bitte nicht!
10. Darf ich Ihnen Herrn Polinsky vorstellen?
11. Sagen Sie bitte dem Herrn mit der blauen Jacke er soll sofort zu mir kommen.
12. Das Schicksal des (*ou au pluriel* der) Menschen ist unvorhersehbar.
13. Das Motorrad des Polizisten fährt wahnsinnig schnell.
14. Ich habe dem (*ou au pluriel* den) Studenten ein Zimmer vermietet.
15. Die Artikel dieses Journalisten sind immer höchst interessant.

114. 1. Gerolds Rechenmaschine. - 2. Inges Tasche. - 3. Frau Schlegels Pelzmantel. - 4. Herrn Sontheimers Segelboot. - 5. Thomas Platte.

115. 1. Die Türkei, türkisch. - 2. Japan, der Japaner. - 3. Der Österreicher, österreichisch. - 4. Rußland (die UDSSR), russisch. - 5. England, der Engländer. - 6. Europa, europäisch. - 7. die Schweiz, der Schweizer. - 8. Der Franzose, französisch. - 9. Polen, polnisch. - 10. Der Amerikaner, amerikanisch. - 11. Schottland, der Schotte. - 12. Dänemark, dänisch. - 13. Der Finne, finnisch. - 14. Deutschland, der Deutsche. - 15. Der Italiener, italienisch.

116. 1. mehrere Brote. - 2. mehrere Stühle. - 3. mehrere Briefmarken. - 4. mehrere 10 DM Scheine. - 5. mehrere Kinder. - 6. mehrere Fotos. - 7. mehrere Gläser. - 8. mehrere Taschentücher. - 9. mehrere Körbe. - 10. mehrere Fachleute.

117. 1. dem, die. - 2. Der, der, den. - 3. Die, den, die. - 4. Die, der, das. - 5. Das, dem, die. - 6. Das, den, die.

118. 1. den. - 2. meine. - 3. seiner. - 4. einem. - 5. der. - 6. mir. - 7. die. - 8. die. - 9. seinen. - 10. dem.

119. 1. den. - 2. den. - 3. den. - 4. den. - 5. meine. - 6. die. - 7. meinen. - 8. meiner. - 9. zur. - 10. Meiner. - 11. dem. - 12. einer. - 13. diesem. - 14. zum. - 15. dem. - 16. seiner. - 17. unserem. - 18. unseres. - 19. der. - 20. der. - 21. des. - 22. der. - 23. des. - 24. der. - 25. des.

120. 1. aus. - 2. von. - 3. vom. - 4. von. - 5. aus. - 6. aus. - 7. aus. - 8. aus. - 9. von. - 10. von.

121. 1. Aus. - 2. vor. - 3. Aus. - 4. vor. - 5. Aus. - 6. vor. - 7. vor. - 8. Aus. - 9. vor. - 10. Aus.

122. 1. im. - 2. auf. - 3. im, ans. - 4. in. - 5. Am. - 6. in. - 7. im, in. - 8. aus. - 9. auf. - 10. auf. - 11. an. - 12. zum. - 13. am, auf. - 14. in. - 15. an. - 16. mit. - 17. auf. - 18. um, vom. - 19. in, am *ou* übers, nach. - 20. an. - 21. in, an. - 22. Zu, in. - 23. In, von, auf. - 24. im *ou* auf. - 25. vor.

123*. 1. Wieviele Kirchen gibt es in Rom ? - 2. Vor acht Tagen war ich in Mexico. - 3. Was gibt es heute zu essen ? - 4. Was steht heute in der Zeitung ? - 5. Seit drei Monaten wohne ich in Rom. - 6. Ist noch Bier im Kühlschrank ? - 7. Im Restaurant sind 60 Personen.

124. 1. aus. - 2. Bei. - 3. auf. - 4. mit. - 5. Von. - 6. unter. - 7. Zu. - 8. Nach. - 9. bei. - 10. mit. - 11. mit. - 12. für. - 13. Zu. - 14. bei. - 15. unter.

125. 1. nach Hause, zu Hause, von zu Hause. - 2. ins, im, aus. - 3. ins, im, vom. - 4. zu, bei, von. - 5. in die, in der, von der. - 6. zum, am *ou* im, aus dem. - 7. in die, in der, von der. - 8. auf den, auf dem, vom. - 9. zum, beim, vom. - 10. in den, im, von dem.

126. 1. ins. - 2. im. - 3. nach. - 4. in. - 5. in, nach. - 6. nach. - 7. in. - 8. nach. - 9. im. - 10. nach.

127. 1. zu. - 2. bei. - 3. zum. - 4. zu. - 5. bei. - 6. zu. - 7. zu. - 8. bei. - 9. zur. - 10. zur.

128. 1. am. - 2. auf das. - 3. am. - 4. auf dem, auf die. - 5. in der. - 6. in den. - 7. im, in den. - 8. auf den. - 9. auf dem. - 10. in den.

129. 1. Im. - 2. Im. - 3. Zu. - 4. Vom, bis. - 5. Zu. - 6. Im. - 7. um. - 8. Um. - 9. Vor. - 10. Zu.

130. 1. Heute abend. - 2. Welchen Tag haben wir heute ?- 3. Von heute ab (*ou* an). 4. Heutzutage. - 5. Heute morgen.

131. 1. Zu. - 2. zum. - 3. An. - 4. Um. - 5. Um. - 6. Im. - 7. Im. - 8. Um. - 9. Am. - 10. Um. 11. Im. - 12. Am.

132*. A. 1. Vor langer Zeit. - 2. Wie lange ? - 3. Er braucht lange um... . - 4. schon lange. - 5. Der Film dauert lange.

B. 1. Morgen abend. - 2. Heute morgen. - 3. Morgen früh. - 4. übermorgen. - 5. bis morgen. - 6. Morgen in acht Tagen.

133. 1. In. - 2. Vor. - 3. vor. - 4. Nach. - 5. Vor. - 6. Vor. - 7. Vor. - 8. In. - 9. Nach. - 10. vor. - 11. in. - 12. In.

134. 1. Stunde. - 2. Uhr. - 3. Uhr. - 4. Uhr. - 5. Stunde. - 6. Stunde. - 7. (Ballet) stunde. Uhr. - 8. Stunden. - 9. Uhr. - 10. Stunden.

135. 1. Um, mit. - 2. auf. - 3. über. - 4. gegen. - 5. mit. - 6. über. - 7. auf. - 8. zur. - 9. an. - 10. auf. - 11. auf. - 12. um. - 13. für. - 14. mit. - 15. nach. - 16. auf. - 17. an. - 18. an. - 19. an. - 20. über. - 21. mit. - 22. um. - 23. zu. - 24. zu. - 25. als.

136. 1. an. - 2. mit. - 3. an. - 4. über. - 5. zu. - 6. auf. - 7. an. - 8. von ... ab. - 9. auf. - 10. über. - 11. zu. - 12. mit. - 13. aus. - 14. auf. - 15. zu. - 16. zu. - 17. für. - 18. um. - 19. auf. - 20. an. - 21. an. - 22. um. - 23. als. - 24. von. - 25. um.

137. 1. um, für, gegen, mit. - 2. an, unter. - 3. auf, zu. - 4. zu. - 5. für, um. - 6. an, vor. - 7. an, gegen, auf, zu. - 8. an. - 9. mit, für. - 10. über. - 11. mit. - 12. nach. - 13. an. - 14. für, als. - 15. für, mit, zu, auf, an. - 16. auf. - 17. als. - 18. für, zu. - 19. auf. - 20. als. - 21. zu. - 22. als, um. - 23. auf. - 24. auf, mit, als. - 25. von.

138. 1. euch. - 2. ihn. - 3. sie. - 4. euch. - 5. sie.

139. 1. ihr. - 2. ihm. - 3. ihnen. - 4. ihm. - 5. ihr.

140. 1. Sie, ihn. - 2. Es, ihn. - 3. Sie, es. - 4. Er, ihn. - 5. Er, sie.

141. 1. Er, ihnen. - 2. Sie, ihr. - 3. Er, ihm. - 4. Es, ihnen. - 5. Er, ihm.

142. Dir - Dir - Du - mir - mich - Dir - Sie - Ich - ihnen - Es - ihnen - ihnen - Du - Wir - du - wir - mich - mir - uns - uns - wir - Dir - mir - mich - ich - mir.

143. 1. ihn. - 2. ihm. - 3. Ihnen. - 4. sie. - 5. dir. - 6. es, ihnen. - 7. sie. - 8. ihr. - 9. sie. - 10. mich. - 11. ihn, dir. - 12. es. - 13. uns, euch. - 14. es, ihm. - 15. er. - 16. ihr. - 17. ihnen. - 18. ihr. - 19. mich, ihn, er.

144. 1. Daran. - 2. damit. - 3. damit. - 4. dazu. - 5. darüber (davon). - 6. Damit. - 7. Darauf. - 8. Darüber. - 9. davon. - 10. daran.

145. 1. G. - 2. H. - 3. I. - 4. A. - 5. B. - 6. C. - 7. D. - 8. F. - 9. E.

146. 1. sich. - 2. dich. - 3. mich. - 4. sich. - 5. sich. - 6. euch. - 7. uns. - 8. dich. - 9. sich. - 10. sich.

147*. 1. Ed kauft sich einen Gebrauchtswagen, der zwei Jahre alt ist.
2. Wir besuchen unsere Freunde, die in Köln wohnen.
3. Webers, von denen wir sprechen, wohnen im dritten Stock.
4. Die junge Frau, deren schwarze Tasche aus Paris kommt, ist sehr elegant.
5. Der Junge, mit dem ich im Kino war, ist mein Freund.
6. Die Leute, denen wir begegnen, kommen vom Markt.
7. Das Buch, das ich lese, ist spannend.
8. Der Junge, der mit dem Roller durch die Wohnung fährt, ist drei Jahre alt.
9. Die Mieter, deren neue Wohnung modern und bequem ist, freuen sich.
10. Sie verlassen gern die Baracke, in der sie seit ein paar Jahren wohnen.
11. Sie finden endlich eine neue Wohnung, die größer und moderner ist.
12. Die Kinder, über die die Nachbarn sich beschweren, spielen im Hof.

13. Der Lastwagen, den sie mit Möbeln beladen, steht vor der Tür.
14. Der Junge, dessen Zeugnis sehr gut ist, freut sich.
15. Die Gastarbeiter, deren Löhne nicht sehr hoch sind, müssen viel Geld sparen.
16. Die Dame, der der Ober Tee bringt, ist sehr freundlich.
17. Der Mann, dem die Kamera gehört, ist leichtsinnig.
18. Siehst du diese Spanierin, mit der ich pausenlos getanzt habe.
19. Der Hund, vor dem ich große Angst habe, schläft.
20. Das sind Kollegen, mit denen ich zusammenarbeite.

148. 1. Wer. - 2. Wen. - 3. Wer. - 4. wen. - 5. Wem. - 6. wen. - 7. Wessen. - 8. Wessen. - 9. wem. - 10. Wer. - 11. wem. - 12. Wen. - 13. Wer. - 14. Wen. - 15. wen.

149. 1. alte. - 2. wichtigen. - 3. freundliche, alten, richtigen. - 4. weiche, braunen. - 5. neue, reichen. - 6. durstige, frisches, süßen. - 7. bellende, vornehmen. - 8. nagelneue, kleinen, langen, blauen. - 9. roten. - 10. neue, jungen. - 11. ehrliche, fremden. - 12. bekannten, nächsten. - 13. ehemaligen, riesengroße. - 14. frisches, grünen, gegrilltes. - 15. viele, verschiedenen. - 16. falsche, kleinen. - 17. alten, offenen. - 18. schwierige, vielen, fremden. - 19. guten, alten. - 20. schönem, besten, lange.

150. 1. Hier liegt ein schwarzer Pullover. - 2. Hier liegt ein deutsch-französisches Wörterbuch. - 3. Hier liegt ein neuer Fotoapparat. - 4. Hier liegt eine chinesische Zeitschrift. - 5. Hier liegt ein ausgefülltes Formular.

151. 1. A. Sie suchen die blaue Handtasche ? B. Ja, aber ich sehe keine blaue Handtasche. C. Doch ! Hier ist eine blaue Handtasche.
2. A. Sie suchen den alten Regenmantel ? B. Ja, aber ich sehe keinen alten Regenmantel. C. Doch ! Hier ist ein alter Regenmantel.
3. A. Sie suchen die grüne Hose ? B. Ja, aber ich sehe keine grüne Hose. C. Doch ! Hier ist eine grüne Hose.
4. A. Sie suchen das gestreifte Hemd ? B. Ja, aber ich sehe kein gestreiftes Hemd. C. Doch ! Hier ist ein gestreiftes Hemd.
5. A. Sie suchen den grünen Filzhut ? B. Ja, aber ich sehe keinen grünen Filzhut. C. Doch ! Hier ist ein grüner Filzhut.

152. 1. Mit einer alten Freundin. - 2. Mit guten Freunden. - 3. Mit einem sympatischen Nachbarn. - 4. Mit alten Bekannten. - 5. Mit einem charmanten Mädchen. - 6. Mit einem englischen Freund. - 7. Mit einer netten Französin.

153. 1. neuesten. - 2. elektrische. - 3. alte, gutem. - 4. neue. - 5. ärztlichen. - 6. neue, guten. - 7. keiner. - 8. technischen. - 9. französische, bester. - 10. persönlichen. - 11. gutes. - 12. ansteckende. - 13. öffentlichen. - 14. bloßes. - 15. starker. - 16. zunehmendem. - 17. falscher. - 18. intelligenter. - 19. chinesische. - 20. guten.

154. 1. etwas Wichtiges. - 2. etwas Wichtigeres. - 3. etwas Feines. - 4. etwas Köstliches. - 5. etwas Schreckliches. - 6. etwas Einfaches. - 7. etwas Alkoholfreies.

155. 1. Paris ist größer als Köln. - 2. Wein ist teurer als Mineralwasser. - 3. Die Engländer trinken mehr Tee als die Belgier. - 4. Die Franzosen essen weniger Wurst als die Deutschen. - 5. Der Mont-Blanc ist höher als der Mont-Rose.

156. *Forme du comparatif qui convient :*
1. Je mehr ... desto vorsichtiger. - 2. Je länger ... desto teurer. - 3. Je günstiger ... desto mehr. - 4. Je neuer ... desto besser. - 5. Je weniger ... desto schlechter. - 6. Je älter ... desto unbeweglicher.

157. *Forme du superlatif qui convient :*
1. Der Mont-Blanc ist der höchste Berg. - 2. Die ,,Concorde'' ist das schnellste Flugzeug. - 3. Der Wal ist der größte Fisch. - 4. Goethe ist der bekannteste Schriftsteller. - 5. Der Mercedes ist der teuerste Wagen in Deutschland.

158*. 1. Mehrmals. - 2. So oft wie möglich. - 3. desto besser! - 4. sein Bestes tun. - 5. Ich habe lieber. - 6. immer mehr. - 7. immer besser. - 8. Mehr oder weniger. - 9. meistens. - 10. am liebsten.

159. 1. Doch, das ist das Erstaunlichste. - 2. Doch, das ist das Beste. - 3. Doch, das ist das Hübscheste. - 4. Doch, das ist das Feinste. - 5. Doch, das ist das Vernünftigste. - 6. Doch, das ist das Nötigste. - 7. Doch, das ist das Wichtigste. - 8. Doch, das ist das Häufigste. - 9. Doch, das ist das Geläufigste. - 10. Doch, das ist das Schrecklichste.

160. 1. Wärmer als man denkt. - 2. Gesünder als man denkt. - 3. Dunkler als man denkt. - 4. Teurer als man denkt. - 5. Besser als man denkt. - 6. Höher als man denkt. - 7. Näher als man denkt. - 8. Mehr als man denkt. - 9. Länger als man denkt. - 10. Älter als man denkt.

161. 1. Die dreijährigen sind die süßesten. - 2. Die Mercedes sind die teuersten. - 3. Diese Küchenmesser sind die schärfsten. - 4. Die deutschen sind die besten. - 5. Die französischen sind die besten.

162. 1. am liebsten. - 2. am meisten. - 3. am besten. - 4. am schnellsten. - 5. am besten.

163. 1. Ja, am besten. - 2. Ja, am liebsten. - 3. Ja, am meisten. - 4. Ja, am weitesten. - 5. Ja, am dringendsten.

164. 1. Lesen Sie gern Romane? Lieber als Krimis.
2. Schmeckt der Tee hier gut? Besser als der Kaffee.
3. Haben Sie jetzt viel Freizeit? Mehr als früher.
4. Ist das Restaurant teuer? Teurer als ich gedacht hätte.
5. Haben Sie rote Rosen gern? Lieber als Tulpen.
6. Sind die Preise hier hoch? Höher als man denkt.

165*. 1. Mehr und mehr. - 2. Immer schlechter. - 3. Früher oder später. - 4. viel weniger. - 5. immer weniger. - 6. 5 weniger 3. - 7. Um so mehr als. - 8. Nichts mehr. - 9. Eher schwarz als braun. - 10. Es ist besser.

166*. 1. Herzlichst. - 2. Höchstens. - 3. Das Beste. - 4. im äußersten Fall. - 5. Am allerschnellsten. - 6. möglichst. - 7. Wenigstens. - 8. Äußerst. - 9. Äußerst gefährlich. - 10. Meistens. - 11. Spätestens. - 12. Mit meinen besten Wünschen.

167*. 1. Das Kind benimmt sich schlecht. - 2. Die Fahrt dauert lange. - 3. Das Kind spricht laut. - 4. Der BMW verbraucht viel Benzin. - 5. Der Autofahrer fährt sehr schnell.

168. 1. Mutti ist oben. - 2. Vati ist unten. - 3. Die Katze ist vorne. - 4. Der Wagen ist hinten. - 5. Die Bäckerei ist drüben. - 6. Ich bleibe daheim. - 7. Mein Autoschlüssel ist drinnen.

169. 1. Neulich, kürzlich, vor kurzem. - 2. Damals. - 3. Demnächst, bald. - 4. Nächstens. - 5. Künftig. - 6. täglich. - 7. monatlich. - 8. jährlich. - 9. wöchentlich. - 10. immer.

170. 1. und. - 2. aber. - 3. sondern. - 4. aber. - 5. und. - 6. denn. - 7. denn. - 8. aber, denn. - 9. aber, denn.

171. 1. über den Hund, der zu groß für unsere kleine Wohnung ist.
2. über die Kinder, die zu viel Lärm machen.
3. über das Auto, das morgens beim Start zu viel Krach macht.
4. über die Nachbarin, die ständig betrunken ist.
5. über den Jungen, der durch das ganze Haus nach seiner Katze ruft.

172. Mutti sagt von ihrem Sohn:
1. daß sie nicht mehr mit ihm reden kann. - 2. daß er sich so gut wie überhaupt nicht mehr am Unterricht beteiligt. - 3. daß er keine Freunde mehr hat. - 4. daß er gar nicht mehr bastelt. - 5. daß er bloß herumsitzt und seine verrückte Musik zuhört. - 6. daß er manchmal ganz unverständlich reagiert. - 7. daß er gegen alles ist.

173. 1. Ich habe ihn nicht gefragt, ob bei ihm alles in Ordnung ist.
2. Ich habe sie nicht gefragt, ob sie schon bestellt haben.
3. Ich habe sie nicht gefragt, ob sie ihren Flug schon gebucht hat.
4. Ich habe ihn nicht gefragt, ob er schon in Hong-Kong gewesen ist.
5. Ich habe sie nicht gefragt, ob sie das Telex geschickt hat.

174. 1. Ein Glück, daß du im Lotto gewonnen hast. - 2. Ein Glück, daß du deine Prüfung bestanden hast. - 3. Ein Glück, daß du einen Job gefunden hast. - 4. Ein Glück, daß dir nichts Schlimmes passiert ist. - 5. Ein Glück, daß du deine Autopapiere wiedergefunden hast.

175. 1. Ich überlege gerade, ob ich mir eine Stereoanlage anschaffen soll.
2. Ich überlege gerade, ob ich mein Zimmer mit dieser Tapete tapezieren soll.
3. Ich überlege gerade, ob ich den Arzt sofort anrufen soll.
4. Ich überlege gerade, ob ich ins Hochhaus mit Einzimmerwohnungen umziehen soll.
5. Ich überlege gerade, ob ich dir die gewünschten Medikamente sofort besorgen soll.

176. 1. Ich möchte gern wissen, wie er meine Adresse bekommen hat.
2. Ich möchte gern wissen, warum du nicht mit der Bahn zurückfährst.
3. Ich möchte gern wissen, wem du das versprochen hast.
4. Ich möchte gern wissen, wann der nächste Zug nach Hannover abfährt.
5. Ich möchte gern wissen, wozu er so viel Geld ausgegeben hat.

177. 1. Obwohl. - 2. da. - 3. weil. - 4. Obwohl. - 5. weil. - 6. so . . . daß. - 7. so . . . daß. - 8. wie. - 9. ohne daß. - 10. Wenn. - 11. wie. - 12. als ob. - 13. Wenn. - 14. als. - 15. so . . . wie. - 16. Wenn. - 17. als. - 18. Wenn. - 19. so daß. - 20. als.

178. 1. Vati sieht heute abend fern, weil es einen Western mit Henri Fonda gibt. - 2. Mutti sitzt im Wagen immer hinter, weil sie Angst hat, vorn zu sitzen. - 3. Uhlmanns fahren in Urlaub nach Spanien, weil sie sicher sein wollen, Sonne zu finden. - 4. Herr Köhler achtet auf die Geschwindigkeitsbegrenzung, weil er keinen Strafzettel bekommen will. - 5. Vati raucht nicht mehr so viel, weil er Angst vor Lungenkrebs hat.

179. 1. Da Frau Lugner Jura studiert hat, sucht sie eine Stelle bei einem Rechtsanwalt. - 2. Da wir jetzt mehr Geld verdienen, können wir uns einen Aufenthalt im Hotel leisten. - 3. Da wir uns ein Landhaus haben bauen lassen, brauchen wir nicht mehr für die Ferien ein Haus zu mieten. - 4. Da wir nächstes Jahr pensionniert werden, wollen wir uns auf unser Landgut zurückziehen. - 5. Da unsere Kinder alle deutsch lernen, verbringen wir sehr oft unsere Ferien in Deutschland.

180. 1. Ich ging dennoch ins Büro, obwohl ich schwer erkältet war.
2. Obwohl sie sehr begabt ist, ist sie bei der Prüfung durchgefallen.
3. Obwohl ich rechtzeitig von zu Hause weggegangen bin, habe ich den Zug verpaßt.
4. Obwohl ich drei Kilo abnehmen will, esse ich viel Schlagsahne und Süßigkeiten.
5. Obwohl der Hund harmlos zu sein schien, hat er mich ganz schön gebissen.

181. 1. Wir fahren jeden Sonntag an die See, damit die Kinder sich wirklich entspannen. - 2. Wir wollen intensiv trainieren, damit wir mit Sicherheit das nächste Fußballspiel gewinnen. - 3. Wir sparen viel Geld, damit wir uns eine große Wohnung anschaffen. - 4. Wir reisen durch die ganze Welt, damit die Kinder Gefallen an einem abenteuerlichen Leben finden. - 5. Er arbeitet sehr viel, damit er sein Examen besteht.

182. 1. Seitdem. - 2. Sobald. - 3. Bevor. - 4. Um so mehr enttäuscht, als. - 5. Je . . . desto. - 6. Solange. - 7. Indem. - 8. Während. - 9. Nachdem.

183. 1. Als. - 2. Als. - 3. Wenn. - 4. Als. - 5. Wenn. - 6. Wenn. - 7. Als. - 8. Wenn. - 9. Wenn.

184. 1. als. - 2. daß. - 3. obwohl. - 4. ohne daß. - 5. daß. - 6. Wenn. - 7. ob. - 8. bis. - 9. Nachdem. - 10. Da. - 11. weil. - 12. damit. - 13. wie. - 14. Soviel. - 15. insofern als. - 16. als daß. - 17. wie. - 18. als. - 19. Da ou Wo. - 20. ohne daß.

185. 1. um . . . zu. - 2. um . . . zu. - 3. ohne . . . zu. - 4.anstatt . . . zu. - 5. ohne . . . zu. - 6. um . . . zu. - 7. Um . . . zu. - 9. anstatt . . . zu. - 10. Ohne . . . zu.

186. A. 1. *lignes 6/7* : hat . . . gebracht. - 2. *ligne 5* : gebe. - 3. *lignes 20/1* : wurden . . . geweckt ; *lignes 42/3* : ward (wurde) gesehen . - 4. *ligne 12* : konnte ; *ligne 17* : sollte ; *ligne 29* : möchte. - 5. *ligne 10* : ließ . . . einziehen ; *ligne 14* : ließen aussteigen ; *lignes 24/5* : sah . . . hervorstehen ; *lignes 29/30* : möchte . . . verfahren. - 6. ligne 17 : ohne zu wissen . . .

7. *ligne 5* : . . . , was es gebe, . . . ; *lignes 7/8* ; . . ., auf welcher . . . umherspringen ; *lignes 8/9* : . . ., der . . . gefunden hätte ; *ligne 15* : . . . , was darauf war ; *ligne 17* : . . ., was . . . sollte, . . . ; *ligne 32* : aus dem . . . flocht, . . . ; *lignes 40/1* : von dem . . . erblickte.

8. *lignes 4/5* : Als wir fragten, . . . ; *lignes 5/6* : . . ., daß . . . abgeführt haben ; *ligne 12* : . . . daß . . . fortjagen konnten ; *lignes 21/2* : . . . als . . . umzingelt sahen ; *lignes 26/7* : . . . , indem . . .auseinanderrollte, *lignes 33/4* : . . . , so daß . . . erreichen konnte ; *lignes 35/37* : . . . , indem . . . näherte, . . . entfernte, *lignes 37/8* : Als . . . nahte, . . .

9. *ligne 5* : was (es gebe) ; *ligne 7* : (Affeninsel . . ., auf) welcher. - 10. *ligne 33* : (mit) festgebundenen Brettern.

Infinitif	**3e personne présent de l'indicatif**	**Prétérit**	**Participe II**
werden	wird	wurde	geweckt
sein	ist	war	gewesen
sehen	sieht	sah	gesehen
losfahren	fährt los	fuhr los	losgefahren
sehen	sieht	sah	gesehen
hervorstehen	steht hervor	stand hervor	hervorgestanden
schreien	schreit	schrie	geschrie(e)n
verschlingen	verschlingt	verschlang	verschlungen
gehen	geht	ging	gegangen
verfahren	verfährt	verfuhr	verfahren
flechten	flechtet	flocht	geflochten
(sich) umgeben	umgibt	umgab	umgeben
liegen	liegt	lag	gelegen

INDEX

INDEX

Aubin Imprimeur
LIGUGÉ, POITIERS

Achevé d'imprimer en août 1997
N° d'impression P 54366
Dépôt légal 1re édition : 3e trimestre 1993
Imprimé en France